E・H・カーを読む

Edward Hallett Carr

佐藤史郎・三牧聖子・清水耕介編

ナカニシヤ出版

序——〈カーの世界〉から今日の世界を考える

佐藤史郎・三牧聖子・清水耕介

本書は、二〇世紀を代表する知識人の一人と言っても過言ではないE・H・カーの世界に、読者を誘うものである。

カーは一八九二年、ロンドンの中流家庭に生まれた。奨学金を得て名門パブリックスクールに学び、ケンブリッジ大学トリニティ・カレッジに進学。第一次世界大戦が勃発すると、軍役には不適格とされたことから外務省の臨時職員となり、対ロシア関係を扱う部局でロシア革命を目撃し、一九一九年のパリ講和会議にも派遣された。二等書記官として一九二五年に赴任したラトビアのリガにおいて、ロシア文学に傾倒し、ドストエフスキーやバクーニンの伝記を執筆した。

一九三〇年代以降は、国際秩序の動揺を背景に、国際関係に関する論稿を活発に発表するようになる。一九三六年には外務省を離れて、国際政治学の講座を最初に設けたことで知られるウェールズ大学アベリストウィス校の教授職に就任。国際関係論研究者としてのカーを代表する『危機の二十年（*The Twenty Years Crisis 1919–1939*）』（一九三九年）などの著作はこの時期に執筆された。第二次世界大戦が勃発すると、カーは教授職を保持したまま、情報省に入り、イギリスの戦争目的を海外に宣伝する任務を担った。しかし当局の方針と衝突し、約半年で辞職した後、『タイムズ』紙の論説委員となり、戦後の社会・経済改革を主張したことで「赤い教授《レッド・プロフェッサー》」とも呼ばれた。カーが戦後の世界に描いていた青写真は、『平和の条件（*Conditions of Peace*）』（一九四二年）などの著作から知ることができる。

第二次大戦後、カーは『タイムズ』紙もウェールズ大学も退職し、ソヴィエト・ロシア研究に没頭する。その一方で、ケンブリッジ大学での講演をまとめた『歴史とは何か（*What is History?*）』（一九六二年）の出版など、社会への発信も続けた。カーのソヴィエト史研究は、一九七八年に完結。一九八二年に没する直前まで、その内容を一般向けに書き下ろす作業を行っていた。

（一）海外におけるカーの位置付け

海外および日本において、カーはどのように受容されてきたのだろうか。ここでは、国際関係論の分野に焦点を絞って、海外におけるカーの位置付けを確認することから始めよう。

長らく国際関係論におけるカーの位置付けは、大戦間期の国際関係論を支配し、国際連盟の創設（一九一九年）の基盤となった「理想主義」を徹底的に批判し、現実の権力関係に立脚して平和を構想することの重要性を問いた、「現実主義」者というものであった。しかし、このような位置付けは今日までに、ほとんど根本的に修正されるに至っている。『危機の二十年』、『ネイションの未来（*The Future of Nations – Independence or Interdependence?*）』（一九四一年）、『平和の条件』、『ナショナリズムの発展（*Nationalism and After*）』（一九四五年）など、第二次世界大戦前後に刊行された一連の著作でカーが発展させた世界秩序論は、国際関係論において「現実主義」という言葉にまとわりついてきた現状維持的というイメージとは対照的に、新たな世界秩序への変革の道筋を展望するものだった（Cox 2010）。ピーター・ウィルソンは、国際秩序の維持という保守的な目的のために、既存秩序の矛盾を解決するための変革を追求し続けるカーのこのような立ち位置を、「保守するための急進主義」と言い表している（Wilson 2001）。

このような性質ゆえに、カーの「現実主義」は、人々が既存の国際秩序を批判し、新たな世界秩序を模索する際に何度となく再訪され、そのたびに新たな解釈が生みだされてきた。冷戦終焉後、権力政治を超えた、新しい世界秩序を求める風潮を背景に、ケン・ブースやポール・ホウェは、カーの「現実主義」が、既存秩序の矛盾をつぶさに洞察する理論的な立場であったことにあらためて関心を寄せ、それを「ユートピア主義的現実主義」と位置付けた（Booth 1991; Howe 1994）。アンドリュー・リンクレーターやヒデミ・スガナミは、カーが国境を越えた国際福祉主義を構想していたことに注目し、主権国家体制を超えた世界秩序を展望する、ポスト・ウェストファリアの理論家として位置付けている（Linklater 1997; スガナミ 一九九四、一二五―一三八頁）。もっともカーは、国家主権という考え方を全否定することはなかった。カーは主権を「神話的な属性」とみなし、それを形式的に乗り越えて、新たな世界的な権力の中心を打ち立てることよりも、いかに自国本位な政策を追求する国家の習性を是正し、国際協力を可能にしていくかという実質的な問いを追求し続けた（山中 二〇一七、一八一頁）。カーの「現実主義」が、「現実」を正当化し、それを固定化しようとするものであるどころか、既存の秩序やそこで支配的となっている言説のイデオロギー性を明らかにし、新たな世界秩序への展望を切り開く「武器」として機能していることに着目する理論家たちは、それを「批判的現実主義」と呼ぶべきだと主張している（Dunne 2004; Falk 1997; Babík 2013）。近年では、カーが第二次世界大戦後のヨーロッパに展望した「新しいヨーロッパ」構想から、ヨーロッパ統合への示唆を導き出そうとする研究も盛んである（山中 二〇一七、第五章・第六章：Kenealy and Kostagiannis 2012）。

そして今日の世界には、カーとの新たな対話の可能性が生まれている。第二次世界大戦後の国際秩序の文柱となってきた米国の相対的な衰退、「米国第一」を公然と掲げる米国ドナルド・トランプ政権の成立を受け、今日の世界を、リーダー不在の不安定な「Gゼロ」世界とみなす向きも強い。しかし私たちは、国際秩序の動揺が顕著な今こそ、既存の秩序、そこで支配的であった考えにしがみつくのではなく、新たな世界秩序への変革を積極的に模索していくべきであろう。カーの思想は、また新たな角度から、世界秩序のありうる未来を照らし出してくれるだろう。

(二) 日本におけるカーの位置付け

つぎに、日本におけるカーの位置付けについて、西村邦行による研究成果(西村 二〇一六)[1]を軸に確認していこう。『平和の条件』や『西欧を衝くソ連(*The Soviet Impact on the Western World*)』(一九四六年)を通じて、カーは社会思想史家として、「西欧知識人による内からの批判」を試みていると捉えられていた(西村 二〇一六、四五頁)。また、『危機の二十年』について言えば、「カーを現実主義者と呼ぶところまでの単純化」はそれほどなされておらず(西村 二〇一六、五〇頁)、「カーを手掛かりに国際道義のあり方を検討していこう」との知的影響を与えた(西村 二〇一六、五〇頁)という。以下、時系列に沿ってもう少し詳しくみてみよう。

一九五〇年代にカーの思想を検討したものとして、例えば、川端末人の『危機の二十年』に関する論考がある(川端 一九五一)。川端は、カーが国際秩序と国内秩序との連動を唱えており、平和の基盤を建設するためには国内社会の社会的・経済的・精神的構造を変革しなければならないとの思想をもつと指摘した。

神谷不二は、『危機の二十年』を読み解き、カーが単なる現実主義者ではないことを指摘している(神谷 一九五三)。また、一九世紀の平和がパックス・ブリタニカの絶対的保持にあったことを明らかにしたという点で、カーを評価している（神谷 一九五三、三〇〇頁）。さらに、『西欧を衝くソ連』を取り上げて、カーは西欧民主主義の立場をとりつつも、西欧民主主義に批判的であった点も指摘している（神谷 一九五三、三〇一頁）。

松村清二郎による論考もある（松村 一九五九）。松村は、カー自身が理想主義とみなしたレオナード・ウルフは「過去及び現在の世界から遊離し、未来にのみ目を向けるところのユートピアン」ではなく、「過去及び現在の分析という任務を無視してはいない」と、カーによるウルフ批判に反論している（松村 一九五九、三五頁）。そして、第二次世界大戦前は理想主義と現実主義が「並列的・混淆的に存在していた」のではないかと問題提起したうえで、「戦争の終結前後においてユートピア的願望が強くなるのは自然ではあろうが、それは一般社会の風潮としてであり、必ずしも学問的分野のそれではない」と述べている（松村 一九五九、三六頁）。つまり、カーが『危機の二十年』で展開した理想主義 vs. 現実主義という図式はあまりにも単純すぎるのではないかということだ。ただし松村は、「ユートピアとリアリティという極めて根本的な問題を追求した業績は、高く評価されて然るべきであろう」とカーを評価している（松村 一九五九、四一頁）。

一九六〇年代には、この点について、例えば原彬久がさらに議論を発展させた（原 一九六八）。原は、カーが「あらねばならぬ国際政治の規範の研究（政治哲学）と存在そのものの分析（政治科学）をあわせて「国際政治学」と解している」と指摘したうえで（原 一九六八、六一頁）、「現実においてユートピアニズムとリアリズムがそれぞれ主体的に一方の側に接近しようとする意欲を促すところにその意義があるというべきである」と強調している（原 一九六八、七三頁）。そして、カーの説く理想主義と現実主義の統合は、「研究主体がそれぞれ自己の立場を確認するための理論的道標としてこそ意義がある」と評価する（原 一九六八、七三頁）。そのほか原は、カーが「平和のなかに利益調和を見出す理論が、現状維持に利益をみる国家と現状変革を願う国家の心的状況の区別を隠蔽していること」を論じていると指摘した（原 一九六八、六六頁）。

このように、日本の国際関係論におけるカーの受容の内容は、一九六〇年代に入ってさらに定式化されていった。すなわち、カーは（一）単なる現実主義者ではなく理想主義と現実主義の統合を唱えていること、[2]（二）自由放任主義にもとづく利益の自然調和説を批判していること、（三）平和のためには国際秩序と国際道義の連動性を見落としてはならないことを主張している、という定式化である。

冷戦終結後の一九九〇年代に入っても、基本的には上記の定式の内容に沿う形でカーの評価がなされている。例えば、岡部達味はカーが国際政治学に二つの貢献を残したという。一つは、「単純なリアリズム礼賛論者」ではなく「ユートピアニズムを有するリアリズム」の重要性を指摘したことである（岡部 一九九二、四〇頁）。いま一つは、カーは現状維持＝平和と捉えるのではなく「平和的変更」＝平和と捉えなければならないと指摘したことである（岡部 一九九二、四〇―四一頁）。

また、遠藤誠治は一九九〇年代後半以降の英国で「カー・リヴァイヴァル」というカーの再評価がなされていること、すなわち『危機の二十年』の「脱神話化と相対化」がなされていると指摘した（遠藤 二〇〇三、四七頁）。カーによる理想主義 vs. 現実主義という二項対立にもとづく図式の「脱神話化」と、カーには現実主義以外の側面があるという「相対化」がなされているとの指摘である。そのうえで、「つまり、利益の自然的調和がない以上、誰かが犠牲を払う必要があるが、従来社会的弱者が担ってきた犠牲を、今度は経済的強者が自覚的に担うという、強者の側からの妥協や犠牲があってこそ、道義の再建は可能になるとカーは考えている」と指摘して、『危機の二十年』が「単なる平和的変革にとどまらない革命的ともいえる社会改革を唱えて」いると主張した（遠藤 二〇〇三、五六―五七頁）。そのほか、三牧聖子は、『危機の二十年』を執筆する前のカーは国際連盟を通じた国際秩序変革への希望を捨てておらず、国際連盟が既存秩序を侵犯したものへの制裁に焦点を置く「強制型連盟」から、紛争当事国を含む討議を通じ、矛盾をはらんだ国際秩序を平和的に変更していく「対話型連盟」へと変容することを説いていたと指摘している（三牧 二〇〇八、三一四―三一五頁）。

国際関係論の名著を紹介した最近の教科書をみても、例えば、加藤朗はカーが理想主義と現実主義を「統合」する「理想主義的現実主義」もしくは「現実主義的理想主義」であると同時に、あるべき世界を構想したうえで、それを実現するための手段の分析を試みていることから、「構成主義（コンストラクティヴィズム）と変わるところはない」と指摘する（加藤 二〇〇九、二九頁）。また、清水耕介はカーが理想主義と現実主義の「融合」を試みるとともに、「国際的な道義と権力との間のバランス」を担保するために「認識論的な議論」を展開していると指摘する（清水 二〇一一、一四―一五頁）。すなわち、カーには、いわゆる「ポスト実証主義」の側面があるということだ。

このように、私たちはカーの著作を読むことで、理想主義／現実主義とは何か、国際社会の秩序／道義とは何かといった根本的な問いに対して思考を深めることができ、その結果として、今日の世界を省察することが可能となろう。

（三）本書の構成と概要

本書は三つの部と九つの章で構成されている。

第Ⅰ部は「カーとその時代」である。ここでは、カーと同時代に生きた知識人を取り上げながら、〈カーの世界〉が生まれた知的環境をみていく。カーは『危機の二十年』の第一版の序文において「知的刺激を受けた出版物」として、カール・マンハイムの『イデオロギーとユートピア』、ラインボルト・ニーバーの

『道徳的人間と非道徳的社会』、ピーター・ドラッカーの『経済人の終わり』をあげている（カー二〇一一、一四―一五頁）。

そこで、第一章（山田竜作）はマンハイムに注目する。山田は、カーに影響を与えたマンハイムの思考法がどのようなものであったかを考察したうえで、カーの思考法は時代診断を絶えず意識するというマンハイム的な「創造的政治学」への志向と親和性があると指摘する。

つづく第二章（上野友也）ではニーバーを取り扱う。上野は、『道徳的人間と非道徳的社会』の概要を述べたうえで、同書が『危機の二十年』に影響を与えた点と与えていない点を示すことで、『危機の二十年』の新たな読み方を試みる。

第三章（清水耕介）はドラッカーを取り上げる。清水は、『経済人の終わり』に焦点を当て、ドイツの中から国際情勢とドイツを見ていたドラッカーと、英国から国際情勢とドイツを見ていたカーを対比させて、将来の予測という点でドラッカーの方が冷静な分析を行っていたと指摘する。

第Ⅱ部は「カーの思考」である。ここでは、カー自身への理解を深めることで、〈カーの世界〉の地平を展望する。第四章（佐藤史郎）は、『危機の二十年』を中心に、山中仁美の「三人のカー」という問題提起を受けながら古典的現実主義者・理想主義的現実主義者・ポスト実証主義的現実主義者としてのカーを〈もうひとつの「三人のカー」〉として捉え直し、なぜカーは現実主義者として三人も存在しているのか、どれが本物の現実主義者としてのカーなのかを検討する。

第五章（瀧口順也）は、『ソヴィエト・ロシア史』を中心に、カーによる時代区分と一九二八／二九年という転換点という認識に焦点を当てて、カーが初期ソ連史研究に取り組むことになった背景とその目的とは何かを明らかにする。

第六章（西村邦行）は、『歴史とは何か』を手掛かりに、カーの思惟様式の特徴と歴史性を明らかにしながら、「カーにとって、人間と社会のあり方を考える手段はなぜ、歴史でなければならなかったのか」を問う。

第Ⅲ部は「カーと現代」である。ここでは、〈カーの世界〉を通して、現代世界の風景を眺める。第七章（三牧聖子）は、第二次世界大戦後から現代まで続いてきた「リベラルな国際秩序」の危機が叫ばれ、それへの回帰が叫ばれる今日、一九三〇年代のカーがそうしたように、「リベラルな国際秩序」で誰がより多くの利益を得て、誰が抑圧されてきたのかを批判的に問い、新たな世界秩序を構想する力を取り戻す必要があると主張する。

第八章（中村長史）は、冷戦終結後の人道危機をめぐる議論の状況を「人道危機の二十年」と呼称したうえで、「理想主義が行き過ぎる状況に対して現実主義の立場から自覚的に批判を加える」というカーの現実主義的側面から学ぶ重要性と「現実主義と理想主義をいかに併せ持つか」という課題を指摘する。

最後の第九章（池田丈佑）は、戦後まもない日本の社会科学にとって、カーは終戦後という「新しい時代」において、ラディカルな思考と実践にもとづく平和的変更の方向性を与えた「新しい社会科学者」であったと指摘する。

以上の九つの章を通じ、多面的な〈カーの世界〉に触れることで、いま一度立ち止まって、今日の世界を深く考えるきっかけを提供することができれば幸いである。

注

（1）そのほか、日本におけるカーの受容について、近代をキーワードに検討した論考（西村 二〇一四）もある。

（2）　ただし、カーをマルクス主義とみなす見解もある。たとえば三輪宗弘は、自由放任主義と利益調和に対する批判と計画経済への憧憬から、「カーの国際政治観には、マルクス主義の影響が読みとれる」と指摘する（三輪 一九八八、三六頁）。また、岡安聰は「一九世紀的な自由放任主義を前提とする資本主義崩壊後の世界として、カーは計画化された経済にもとづく社会主義世界を思い描いていた」と述べている（岡安 二〇〇〇、一一頁）。

参考文献

遠藤誠治　二〇〇三「『危機の二〇年』から国際秩序の再建へ――E・H・カーの国際政治理論の再検討」『思想』九四五号、四七―六六頁。

岡部達味　一九九二『国際政治の分析枠組』東京大学出版会。

岡安聰　二〇〇〇「利益の「自然調和」から「創り出す調和」へ――E・H・カーのユートピア」『青山国際政経大学院紀要』一二号、一―二五頁。

加藤朗　二〇〇九「カー『危機の二十年』」、花井等・石井貫太郎編『名著に学ぶ国際関係論〔第二版〕』有斐閣、二〇―三〇頁。

神谷不二　一九五三「E・H・カー――異色ある國際政治學」『改造』三四巻一号、二九九―三〇二頁。

川端末人　一九五一「國際政治の構造と變革――E・H・カーの國際政治學の紹介」『同志社法學』九号、一一四―一二二頁。

清水耕介　二〇一一「E・H・カー『危機の二〇年　一九一九―一九三九』――権力、道義、歴史をめぐる政治思想」、土佐弘之編『グローバル政治理論』人文書院、一〇―一五頁。

西村邦行　二〇一四「日本の国際政治学形成における理論の〈輸入〉――E・H・カーの初期の受容から」『国際政治』一七五号、四一―五五頁。

——　二〇一六「日本のE・H・カー——現実主義からの隔たり」、大矢根聡編『日本の国際関係論——理論の輸入と独創の間』勁草書房、四一—六一頁。
原彬久　一九六八「国際政治学の生成基盤——E・H・カーにおけるユートピアニズムとリアリズムの諸問題」『国際商科大学論叢』第二号、五九—七三頁。
ヒデミ・スガナミ　一九九四『国際社会論——国内類推と世界秩序構想』臼杵英一訳、信山社。
松村清二郎　一九五九「国際政治学の理論構成を繞る若干の問題——E・H・カーを中心として」『国際政治』九号、三〇—四三頁。
三牧聖子　二〇〇八「『危機の二十年』（一九三九）の国際政治観——パシフィズムとの共鳴」『年報政治学Ⅰ　国家と社会——統合と連帯の政治学』三〇六—三二三頁。
三輪宗弘　一九八八「E・H・カーの国際政治観の再検討——その「リアリズム」と「ユートピア」について」『軍事史学』二四巻一号、二四—四〇頁。
山中仁美　二〇一七『戦争と戦争のはざまで——E・H・カーと世界大戦』ナカニシヤ出版。

Babík, Milan　2013 “Realism as Critical Theory: The International Thought of E. H. Carr”, *International Studies Review*, 15 (4), pp. 491-514.
Booth, Ken　1991 “Security in Anarchy: Utopian Realism in Theory and Practice”, *International Affairs*, 67(3), pp. 527-545.
Cox, Michael　2010 “E. H. Carr and The Crisis of Twentieth-Century Liberalism- Reflections and Lessons”, *Millennium: Journal of International Studies*, 38(3), pp. 1-11.
Dunne, Tim　2004 “Theories as Weapons: E. H. Carr and International Relations”, in Michael Cox (ed.), *E. H. Carr: A*

Critical Appraisal, London: Palgrave Macmillan, pp. 217- 233.

Falk, Richard　1997 "The Critical Realist Tradition and the Demystification of State Power: E. H. Carr, Hedley Bull and Robert W. Cox", in Stephen Gill (ed.), *Innovation and Transformation in International Studies,* Cambridge: Cambridge University Press, pp. 39-55.

Howe, Paul　1994 "The Utopian Realism of E. H. Carr", *Review of International Studies,* 20(3), pp. 277-297.

Kenealy, Daniel and Konstantinos Kostagiannis　2012 "Realist Visions of European Union: E. H. Carr and Integration", *Millennium,* 41(2), pp. 221-246.

Linklater, Andrew　1997 "The Transformation of Political Community: E. H. Carr, Critical Theory and International Relations", *Review of International Studies,* 23(3), pp. 321-338.

Wilson, Peter　2001 "Radicalism for a Conservative Purpose: The Peculiar Realism of E. H. Carr", *Millennium: Journal of International Studies,* 30(1), pp. 123-136.

E・H・カーを読む　＊　目次

第Ⅰ部　カーとその時代

第一章　カール・マンハイムの時代診断における思考法

――動的思考、最大限の視野の拡大、歴史生成への参加

山田竜作

一　自由放任主義の危機と「はかりしれない綜合の才」

カール・マンハイム（一八九三―一九四七）は、ハンガリー生まれの社会学者であり、第一次世界大戦末期の動乱でドイツへ、またナチス政権樹立によってイギリスへと、二度の亡命を強いられた「亡命知識人」である。E・H・カーは『危機の二十年』第一版への序文で、特に知的恩恵を受けた書物の一つとしてマンハイムの『イデオロギーとユートピア』を挙げている。またカーは、同書第四章で自由放任主義について論じる際、マンハイムのイギリス時代の著作『再建期における人間と社会』(1)をも参照している。カーはマンハイムのドイツ期の知識社会学とイギリス期の大衆社会論の両方から、少なからぬ影響を受けたと考えられる。ほぼ同年齢であったマンハイムとカーが共有していたと考えられるのは、自由放任主義の危機という時代認識であろう。世界大恐慌とナチズムの急激な台頭で、世界が再び戦争に向かおうとするなか、何らかの計画や国家の市場介入が多く語られた一九三〇年代。および、第二次世界大戦の只中にあって、戦後の社会再建

の道として福祉政策が模索された一九四〇年代前半。この二〇世紀中葉の時代には、自由放任主義としてのリベラリズムはそのリアリティが大きく揺らいだと言ってよい。国際政治にリベラリズムを移植することを「ユートピアニズム」と批判したカーが、マンハイムから影響を受けたとすれば、行き詰った自由放任主義への知的対応という面があったことは否定できまい。

　マンハイムのカーへの影響を論じた数少ない国際関係論者チャールズ・ジョーンズによれば、その影響は大きく二つに分類することができる。第一は、マンハイムが現状維持志向の思想を「イデオロギー」と、現状変革志向の思想を「ユートピア」と呼んだのを受けて、カーは表1のようにそれをかれなりに読み替え、マンハイムの言う「イデオロギー」を「ユートピアニズム」と位置付け直すとともに、対する「リアリズム」を、現状維持とも現状変革とも異なり事実を批判的に把握する次元に設定し、それがマンハイムの知識社会学に相当すると解釈したこと（Jones 1998, pp. 127–129）。第二に、マンハイムが従来の学問分野（経済学、社会学、政治学等）の境界線や、国内問題と国際問題の間の境界線を越える相互依存的思考（後述する計画的思考）を重視し、それがカーにあっては、新しい学問としての国際関係論と、イギリス国内におけるケインズ的福祉国家への関心となって表れたこと（Jones 1998, pp. 132–140）である。しかし、ジョーンズの関心はカー自身の国際関係論の展開にあるのであって、マンハイムの思想それ自体を十分に論じているわけではない。また、ナチスに追われてイギリスに逃れたマンハイムと、カーとの間に直接的な交流があったことを示す証拠は、管見の限り見当たらない。本章はカーに影響を与えた知識人としてマンハイムを取り上げるわけだが、その影響とはマンハイムの著作を通じた間接的な（しかし重要な）ものと捉えるよりない。

　カーはエッセイ集『ナポレオンからスターリンへ』所収のマンハイムに関する評論の冒頭で、マンハイムがイギリスの社会学の普及・発展に豊かな貢献をしたという書き方をしている。だが実際のマンハイムは、

表1　カーとマンハイムに共通する用語の異なった使用法

	保守／現状維持	ラディカル／修正主義	批判的／メタ・イデオロギー
マンハイム	イデオロギー	ユートピア	知識社会学
カー	ユートピアニズム	『危機の二十年』の第３部・第４部	リアリズム

出典：Jones (1998), p. 129

イギリスの社会学界や、講師として勤務したロンドン・スクール・オブ・エコノミクス（ＬＳＥ）で、必ずしも厚遇され十分に受容されたわけではない。またカー自身、マンハイムのイギリス亡命後に刊行された英語版の著作・遺稿集が、英語として決して読みやすい書物でないことを認めている。にもかかわらず、カーがかれを高く評価するのは「そのはかりしれない綜合の才」である（Carr 1980, p. 183／邦訳二四一頁）。カーが断っているように、かれがマンハイムから受けた影響は、直接に国際関係論に関わるものではない（Carr 2001, p. cvii／邦訳一四頁）。カーがマンハイムを重視するのは、むしろかれの思考法であると考えることができる。マンハイムの知見は、知識社会学にせよ大衆社会論にせよ、しばしば「時代診断学」と呼ばれてきた。刻々と変化する時代のリアリティを、断片的な知識によってではなく文字通り「綜合」的に把握し診断しようとしたところに、かれの思考法があったと考えられる。

本章では、カーがマンハイムをどのように読んだかではなく、カーに影響を与えたであろうマンハイム自身の思考法がいかなるものであったか、その一端を明らかにすることを目的とする。マンハイム研究においては従来から、かれのドイツからの亡命を知的断絶と捉え、イギリス期の思想については等閑視する傾向があった。そのため、ドイツ期とイギリス期を貫いていると考えられるマンハイムの思考を明らかにするためには、改めてかれの著作に向き合う必要があり、カーによるマンハイム読解という課題は本章の射程外に置かざるを得ない。ここでは筆者なりに、「動的思考」、「最大限の視野の拡大」、「歴史生成への参加」の三点を設定し、ドイツ期の『イデオロギーとユートピア』とイギリス期の社会計画論にそれぞれアプローチしてみたい。

二　『イデオロギーとユートピア』と時代診断

マンハイムが名声を博すことになった知識社会学の古典『イデオロギーとユートピア』は、一九二九年に刊行されている（英訳は一九三六年刊）[2]。マンハイムの知的営為の背景には、かれが身を置いた一九二〇年代ワイマール共和国の混迷したイデオロギー状況があった。多くの党派に分裂した政治勢力が、各々の置かれた社会的立場（存在）によって拘束された政治的知識を持つに過ぎないにもかかわらず、自らの思考を絶対化しようとするところに、マンハイムは問題を見いだした。政治的知識とは、党派的な立場や利害等に拘束された知識であって、抽象的な「知識」そのものはあり得ない。各党派は、それぞれの世界観や、現状に対する意志――現状維持志向であれ変革志向であれ――に応じた独自のものの見方を持ち、特定の立場から世界を展望している。このような党派的な政治的知識は、科学とはなり得ないし、常に変化する現実をトータルに把握するにはあまりに部分的で、必然的にイデオロギー性を帯びる。このような、部分観としてのイデオロギーが自己絶対化し相互に排他的になる状況を、いかに克服するのか。こうした問題意識が、マンハイムの知識社会学の背後にあったと言えよう（山田 二〇〇六）。

この節では、ドイツ期の『イデオロギーとユートピア』におけるマンハイムの思考として、以下の三点を検討したい。まず、動的思考が要請される政治認識とかれの「相関主義」の立場、次に党派性の克服のための「存在拘束性」の自覚の問題、そして歴史生成への参加としての「ユートピア」の意義である。

（一）動的思考、政治、「相関主義」

ハンガリーのブダペストに生を受け、青年期にジェルジ・ルカーチらの知識人サークルに参加していたマンハイムの最初の関心は、認識論にあった。[3]二〇世紀初頭に青年マンハイムが直面したのは、以下の二つの間の対立であったという。一方は、永遠に妥当する真理を探究する新カント派哲学。他方は、歴史における個別性を重視し、相対主義につながる歴史主義である（高橋 一九七九、一七頁）。マンハイムにとっては両者とも、政治や社会や時代といった現実の全体を、その変化に即して把握することができない、言わば静的思考である。ハンガリーからドイツに亡命後、認識論から社会学へと関心を移行させていく一九二〇年代のマンハイムにあって、変動する時代のトータルな把握は中心的な関心事であったと言ってよく、それに要請されたのが動的思考である。

『イデオロギーとユートピア』において、一つの重要な焦点は政治認識であった。なぜ、動的思考でなければ政治認識は困難なのか。マンハイムはアルベルト・シェフレを参照しつつ、「政治（politics）」と「行政（administration）」を区別する。前者は、常に流動・生成のうちにあるものであり、「まだすっかりできあがっていないために、臨機の決断によって、状勢が新しい形に作り変えられる余地が残っている事象」。他方後者は、現行の規則・規定の通りに処理される業務であり、「いわば型にはまったように、繰り返し同じように反復する一連の社会事象」である（Mannheim 1936, p. 100／邦訳二〇五頁）。マンハイムが知識社会学で探求した問題のひとつは、政治のように流動しつつあるもの・創造的営みと言えるものについての知識はいかにして可能か、というものであった。先の新カント派哲学でも、歴史的一回性を重視する歴史主義でも、それらが静的思考である限り、流動・生成する政治をめぐって現実と認識との間にずれが生じざるを得ないからである。

では、マンハイムが考える動的思考とはいかなるものか。手がかりになるのが、相対主義とは区別される「相関主義（relationism）」の立場である。かれによれば、相関主義とは「あらゆる意味の要素が相互に関連しあっていること、および、それらがたがいに基礎づけあいながら、ある特定の体系のうちで意味を持つということ」である（Mannheim 1936, p. 76／邦訳一六二頁）。言い換えれば相関主義は、各々の思想や思考法がある特定の時代の全体的な精神的潮流の一部分であり、それらが相互に連関しあいながら全体を形成する要素になっている、と考える立場と理解できる。この観点からすれば、すべての政治的党派は部分的な認識を持つに過ぎず、本来ならその認識の絶対性を主張することは不可能である。マンハイムにとって、そうした認識の部分性を克服するには、時代の精神的潮流全体に対する綜合的な観察が必要であり、また一切が刻々と変化する流動的な過程にある以上、その綜合観察は静的なものではあり得ない。相関主義を打ち出したマンハイムは、個々の思想をその内在性においてのみ捉えるのではなく、それを常にひとつの全体の部分として捉えようとした。部分観に過ぎない特定の思想の絶対化と「神々の闘争」を克服しようとするかれは、包括的な全体観察によって、個々の思想が全体的連関のなかで果たすその機能的役割を判定しようとしたのである（Loader 1985, p. 114）。

(二)「存在拘束性」の自覚と最大限の視野の拡大

相関主義と並んでマンハイムの知識社会学を特徴付けるものは、「存在拘束性」の概念である。思想（イデー）をそれ自体自己完結的に捉えようとする哲学的解釈ではなく、思想を外在的な存在との関数（すなわちイデオロギー）として把握しようとするところから、知識社会学はスタートする。その際、政治的知識および思考体系・認識体系が、党派的な立場に拘束されたものであることを示す「存在拘束性」概念は、よく知られてきたものであろう。ここでは、前述の相関主義と同様に、部分観に過ぎない思想や認識の自己絶対化を退けようとするマンハイムによる、党派性の克服の試みという文脈で存在拘束性を捉え直してみたい。

本節の冒頭でも少し触れたように、マンハイムにとって抽象的な「知識」そのものはあり得ず、必ず「誰かの」知識であり思想である。つまり、社会的存在に拘束された知識である限り、それは普遍妥当的な真理とは言い難く、イデオロギー性を帯びざるを得ない。マンハイムのイデオロギー論において、敵対する政治的党派の主張内容を虚偽として暴露しようとする場合、そこでのイデオロギーが「部分的イデオロギー」概念であるのに対して、敵対者が背後に持つ世界観までもその帰属する社会集団（階級など）の関数として捉えるイデオロギーは「全体的イデオロギー」概念と呼ばれた。マンハイムによれば、この「全体的イデオロギー」概念への発展に決定的な役割を果たしたのはマルクス主義であった。しかしマルクス主義は、もっぱらブルジョワジーの思想をイデオロギーとして暴露するのみであり、自己の思想の立脚点については絶対的なものと見なしている。その意味でこの「全体的イデオロギー」は非常に特殊的な把握の段階に過ぎない。それに対して、思想と社会的存在との関係を社会学的に研究するためには、敵対者のみならず自らの立場をも、存在に拘束されたイデオロギーと見なす必要がある。この段階に至れば、「全体的イデオロギー」の普遍的把握と言える。つまりここでは、思想のイデオロギー性というものは、虚偽か否かにかかわらず、「思想がそのつど存在によって拘束されているという性格を意味するにすぎない」くなる（Mannheim 1936, p. 71／邦訳一五二頁、傍点は訳書）。こうして、党派的な虚偽暴露としてのイデオロギー論から、社会科学の一分野としての知識社会学が成立する、とマンハイムは主張した。

自らの立場をも存在に拘束されたイデオロギーと見なす「全体的・普遍的イデオロギー」概念は、自身の思想や思考が部分観に過ぎないという自覚を促す、言わば自己相対化・自己客観化の契機を含んでいる。[4] こうした存在拘束性の自覚と、先に述べた相関主義が相まって、自らの知識をも批判的検討の対象とするとともに、あらゆる思想・思考を常に流動する全体状況のなかに位置付ける「動的全体綜合（the dynamic synthesis）」が可能になるという。マンハイム自身に語らせるならば、「全体性とは、部分的な見方を自己のうちに受けいれつつ、不断にそれを打ち破り、一歩一歩、認識の自然の歩みにつれて自己を拡大してゆく、全体への志向」ということになり、「時代にかかわりなく当てはまる結論をつけることではなく、われわれにとって可能な、最大限の視野の拡大」へとつながる（Mannheim 1936, pp. 94-95／邦訳一九二頁）。こうした、自身の存在拘束性の自覚による自己吟味、および最大限の視野の拡大こそ、時代診断学としての知識社会学に要請されるのであった。

(三) 歴史生成への参加とユートピア

しかし、もし動的全体綜合が全体の観察に終始するのであれば、相関主義は相対主義と大差なくなる。ある一定の時代における思想の全体状況のなかでの、諸思想の相関関係を明らかにするに過ぎないからである。また存在拘束性にしても、単にある思想と社会的存在との対応関係を示すのみでは、思想が正しいか誤っているかを問わないこととなり、やはりニヒリスティックな相対主義に陥りかねない。党派的な虚偽暴露を拒否するあまり、真偽を不問に付すのであれば、価値基準を含めてすべてが変化していく現実において、何ら決断を下すことはできない。マンハイムが目指したのが時代診断である以上、それは通俗化された「価値自由」に留まるものではない。上に述べた「最大限の視野の拡大」とは、「それに基づいて決断を下すべき視野が拡大されるということ」である（Mannheim 1936, p. 169／邦訳三三四頁）。つまりマンハイムの時代診断学には、価値中立的な観察に終始することなく、独善性を排除しつつもなおかつ何らかの決断を積極的に下して現実にコミットしようとする指向性も含まれていた。以下のマンハイムからの引用に、歴史生成への参加に対する彼の実践意欲を読み取ることができよう。

どんな決定をも下さない者は、どんな問題をも提起しないし、歴史に問いを投げかけ、問いをつきつめてゆける発見手段としての仮説さえもつことはできない。（Mannheim 1936, p. 79／邦訳一六六頁）

人が客観性を獲得したり、あるいは、自己の世界についての独自の見方との関連で自己を確立するのは、自己の行為への意志を放棄したり、自己の判断を停止することによってではない。それはまさに、自己と対決し、自己を検討することのなかで、はじめて可能になるのである。（Mannheim 1936, p. 43／邦訳八八頁）

知識は怠惰な観想ではなく自己解明であり、その意味で政治的行為への道を切り拓くものである。（Mannheim 1936, p. 171／邦訳三三七頁）

先述の「政治」と「行政」との区別にも見られたように、政治的行為とは歴史の生成に関わる創造的営為と言え、価値判断なり決定・決断は不可欠である。実際マンハイムは、「全体的・普遍的イデオロギー」概念が価値判断を下さない「没価値的」なものに留まる段階から、何らかの価値判断を下す段階、すなわち「全体的・普遍的・評価的イデオロギー」概念へと至ることを語っている。そうしたイデオロギー概念がいかなるものか、かれの説明は決して十分ではないし、ここでそれを追究する必要はない。むしろ、歴史生成への参加というここでの文脈で検討してみたいのは、マンハイムによる「ユートピア」概念である。参加への実践意欲は、何らかの理想像、ユートピア観念を伴うものであろう。マンハイムによればユートピアとは、単なる現実離れした観念ではなく、「それが行動に移されると、そのつどの現存の存在秩序が、部分的もしくは全体的に破壊されるようなもの」である（Mannheim 1936, p. 173／邦訳三四〇頁）。つまりユートピアはここでは、幻想や願望に過ぎないものではなく、秩序の変革作用、歴史生成のための原動力として捉えられている。

確かにユートピアは、非実在の未来像であるから、存在を超越した（つまり現実と一致しない）観念である。しかし、前述の自己客観化を通じて、自らの思想がユートピア（非実在）であることを自覚している限り、ユートピアは必ずしも虚偽や幻想を意味するものではなく、存在を越えた観念だからこそ現状変革への実践的な意義を持ち得る。その意味でユートピアは、未来への構想力とも言うべきものであり、今日のユートピアが明日の現実になり得るのである（Mannheim 1936, p. 177／邦訳三四七頁）。むしろマンハイムが危惧したのは、存在と一致していない観念ゆえにユートピアを拒否するという態度が、一切の存在超越的なものを認めない即物性の原理に堕すことであった。こうしたユートピアの終焉は未来への構想力の喪失であり、「現にあるもの（positivität）ののりこえとしての歴史的な行為というものの、退化を帰結する」（見田一九七六、二〇四頁、傍点は原文）。マンハイム自身に語らせるなら、

> ユートピアの消失は、人間自身が物となるような、静的な即物性を成立させる。すなわち、もっとも合理的に自己を支配する人間が衝動のままに動く人間になり、長い間の犠牲に満ちた英雄的な発展のあとで自覚の最高の段階に到達した人間が――ここではすでに歴史は盲目の運命ではなく、自己の創造物に

なっている――、ユートピアのさまざまの形態の消滅とともに、歴史への意志と歴史への展望を失う。こういう、考えられるかぎり最大の逆説が起こってくるであろう。(Mannheim 1936, p. 236／邦訳四五三頁)

『イデオロギーとユートピア』刊行後ほどなくナチスの台頭によって、マンハイムは独裁と管理という「歴史の死滅」の淵を覗き込んだと言ってよい。かれのイギリスへの亡命は、確かに知識人としてのキャリアの大きな転換点となった。しかし、イギリス亡命がドイツ期からの完全な知的断絶をもたらしたものかと言えば、必ずしもそうではない。むしろ本章でこれまで述べてきた「動的思考」、「最大限の視野の拡大」、「歴史生成への参加」という三点は、形を変えてイギリス期マンハイムの思考のなかに脈打っていると見ることができる。それを、次節で検討したい。

三 「自由のための計画」と時代診断

ワイマール共和国において自由民主主義がナチズムに取って代わられる様を目の当たりにしたマンハイムが、デモクラシーへの深い懐疑から解放されるのに、イギリス亡命後数年を要したと言われる。マンハイムは『再建期における人間と社会』で、デモクラシーの内部からファシズムを生み出してしまう社会構造を「大衆社会」として理論化し、その後死に至るまで、大衆民主主義状況を克服し社会を再建する「計画(planning)」の可能性を追究した。[5] かれにとって、無計画で行き当たりばったりの自由放任主義《レッセ・フェール》は、危機に際して社会の崩壊を助長するものであり、その崩壊への応答として登場してきたのがナチズムとボルシェヴィズムという左右両極の全体主義的独裁であった。「自由放任主義から計画社会へ」という時代診断に基づきマンハイムが構想した計画は、自由放任主義でも独裁でもない「第三の道」としての「自由のための計画（planning for freedom）」である。

だが、独裁に抗する「自由のための計画」というマンハイムの意図に反し、かれの言う計画はソ連型計画経済の類と同一視される傾向にあり、フリードリヒ・ハイエクやカール・ポパーらから激しい批判を浴びた（山田 一九九三）。また、マンハイムの早すぎる死によって、かれの計画論は断片的な未完の構想で終わってしまい、その後ほとんど顧みられることもなかった。しかし、マンハイムの思索をイギリス期の著作のなかに追ってみると、確かに研究関心がイデオロギー状況の全体的把握から社会構造の解明へと移行したにせよ、知識社会学で得られた数々の思考法が受け継がれていることが見えてくる。

（一）動的思考としての計画的思考

まず、マンハイムが社会計画論を「計画の水準における思考」の考察から開始した、という点から検討を始めてみよう。かれの計画論は、ハイエクが拒絶するような設計主義的なものとは言えない。マンハイムは「計画」を、抽象的な青写真に基づくものではなく、常に所与の歴史的現実から出発するものとして考えている。つまり「計画」とは「再建（reconstruction）」であって、それをかれは比喩的に「新しい土台の上に家屋を改築するようなことであるよりもむしろ、動いている汽車の車輪を取換えるようなもの」と述べる（Mannheim 1940, p. 12／邦訳一三頁）。再建すべき社会もまた刻々と変化しつつある以上、マンハイムが考える計画的思考は、やはり抽象的で静的なものではなく、動的思考として要請されている。

ここで看過できないのは、マンハイムが「計画」を、「創設（establishing）」や「管理（administrating）」と区別していることである（Mannheim 1940, pp. 191-193／邦訳二三〇―二三三頁）。かれによれば「創設」は、抽象的・経験的規則にしたがって、全く新しいものを考案し創り出すことである。これはまさに青写真を描くことと言ってよく、設計主義に相当するだろう。一方「管理」は、政治的意味を失い、出来上がった組織や機構を単に運営することを意味する。ソ連型計画経済は、ボルシェヴィキ革命という「創設」の果てに行きついた「管理」と考えられるし、先に触れた『イデオロギーとユートピア』における「政治（politics）」と「行政（administration）」との区別を想起するなら、「管理」は「行政」に相当しよう。これら「創設」および「管理」と区別される「計画」は、マンハイムによれば、「社会の全機構およびその作用する仕方に関する十分な知識に基づいて、社会秩序における非調整の根源を意識的に衝くこと」であり、「単なる症状の治療ではなくて、十分に結果を自覚しつつ戦略要点を攻撃しようとするもの」だという（Mannheim 1940, p. 114／邦訳一三八頁）。「創設」や「管理」が静的思考に基づくものとすれば、「計画」的思考は、流動・生成しつつある政治をリアルに把握しようとする動的思考であり、戦略的な思考と言い換えることもできよう。

さらにマンハイムは、計画的思考において必要なのは「媒介原理（principia media）」の発見であると言う。媒介原理とは、「ある特定の場所と時間における特殊の社会領域のみに通用するような特殊な法則」である（Mannheim 1940, p. 175／邦訳二一一頁）。これは、歴史を越えて普遍的に妥当する一般的原理とも、逆に個別的・具体的な事象にのみ見られる一回的な作用とも異なる。マンハイムによれば、複数の媒介原理が相互に関連付けられることにより、全体としての構造が形成される。ここにはやはり、前述の、新カント派哲学と相対主義的な歴史主義との対立を乗り越えようとするかれの若き日からの志向性、および相関主義的な発想が見て取れよう。

マンハイムは、社会科学があまりに専門分化したゆえに媒介原理の発見が阻まれてきたと考える。計画を必要とするほどに相互依存性の増大した大衆社会では、経済、政治等の諸領域はもはやそれぞれ自己完結的なものと捉えることはできず、相互に作用しあう多次元的な構造と見なされるようになった。ゆえに、常に変化する社会構造の全体を的確に把握するためには、諸分野の相互依存的思惟方法（interdependent thinking）によって問題に対処しなければならない（Mannheim 1940, p. 164／邦訳一九八頁）。以上のようにマンハイムの計画的思考は、イギリス期における動的全体綜合の構想と言え、時代診断と社会再建に要請される思考法だった。

（二）社会の全体状況への自覚

マンハイムの社会計画論において、知識社会学のキーワードであった存在拘束性について明示的な議論がなされているとは言い難い。だが、前節で触れたかれの議論の前提――抽象的な「知識」そのものはあり得ず、必ず「誰かの」知識であり思想である、という前提――は、イギリス期にも、思考「一般」とか思考「そのもの」は存在しない、という形で受け継がれている。思考の形式と内容は、人間が思惟する状況とともに変化するのであり、思考は活動と密接に結びついているというのである（Mannheim 1940, p. 149／邦訳一七八頁）。先に検討した計画的思考は、まさに時代の全体状況を可能な限り把握して、社会再建という活動にコミットしようというものであった。知識社会学において、自己の存在拘束性の自覚を通じて最大限に拡大されるとされた視野は、社会計画論では「社会の全体状況への自覚」という形を取ることとなる。

マンハイムにとって、自由放任主義を乗り越えるためには、社会についての具体的知識に支えられた自覚的思考を持って、現実に対処しなければならない。ここでかれの言う「自覚（awareness）」とは、個々の問題状況を単に知識として知っているというのみならず、「人びとが自己の属する全体状況を知るための準備」

であり、さらに「その行動を身近かな仕事や目標に向かわせるだけでなく、それらをより包括的なヴィジョンに基礎づけるための準備」を意味する（Mannheim 1943, p. 61／邦訳三一八頁）。このような、行動と結びつき得るような全体的な自覚が「自由のための計画」に要請されるにもかかわらず、マンハイムによれば、そうした自覚が大衆社会では失われているという。かれはその大衆社会論において、「機能的合理性」と「実質的合理性」という二つの合理性概念について論じている。前者は、与えられた目標の達成のために一連の行動が組織化されている状態を意味する。他方、後者は、ある状況下でのさまざまな出来事の相互関係を洞察し、明らかにする思考活動・知的洞察のことである（Mannheim 1940, pp. 51-70／邦訳六〇―八四頁）。個々人が自ら思考せず、全体状況のなかでの自己の行動の意味を理解していない時、実質的には合理的でないことになる。計画的思考に必要とされるのは、まさに実質的合理性であるはずだが、実際には機能的合理性が支配的になりがちであるとマンハイムは考えた。ゆえに、特に一九四〇年代のかれは、全体状況への社会的自覚を促す「社会的教育」を重視した（かれは最晩年にはロンドン大学教育研究院の教授に就任した）。

マンハイムはまた、かれが要請する社会的自覚を、マルクス主義的な階級意識と区別する。階級意識とは、プロレタリアートという社会集団（階級）を、他の階級などに対する闘争に向けさせる自覚であるが、それは、その闘争的集団という存在に拘束された視座構造を通じての部分的な自覚に過ぎない。そのような意識は、社会に存在する広範な闘争には目を向けるが、同じく社会に存在する結合・協同といった側面には目を閉じてしまう。マンハイムにとって、必要とされる自覚とはそうした部分的な自覚ではなく、「所与の歴史的段階において、人知の及ぶかぎりでの全体的な状況についての自覚」である（Mannheim 1943, p. 64／邦訳三三二―三三三頁）。社会の急激な変動期にあっては、その変化の意味を理解し、自己の置かれている全体状況について自覚すること（まさに実質的合理性）こそ不可欠だというのである。こうした主張は、自らの存在拘束性による部分的認識を自覚し、前述の通り「不断にそれを打ち破り、一歩一歩、認識の自然の歩みにつれて自己を拡大してゆく、全体への志向」すなわち最大限の視野の拡大の要請と重なり合っていることが見て取れる。

(三) 歴史生成への参加としての「第三の道」

大衆社会の崩壊に対するマンハイムの危機感は、同時代のイギリス知識人には必ずしも共有されなかったようである。しかし――近代社会の歴史を巨視的に見た場合、工業化と都市化の果てに大衆社会と化している事実はイギリスとて変わりなく、大衆社会の諸問題から免れているわけではない。と同時に、ワイマール共和国と異なり自由民主主義が安定して機能しているイギリスには、「自由のための計画」の実現に向けた条件が揃っているようにも見える。実際に登場してしまったナチズムやボルシェヴィズムは確かに「悪い」計画（独裁）であるが、「自由放任主義か独裁かのいずれしかない」とのみ考えるのは知的努力の放棄に過ぎず、「善い計画」としての「第三の道」＝「自由のための計画」が構想できないということにはならない。このように考えるマンハイムは、病める大衆社会の「診断」に留まらず、中立的な価値自由を越え、果敢に「処方箋」を示すことに挑んだ。かれの「第三の道」の提唱は、「歴史の死滅」に抗する歴史生成への参加の意欲の表れと考えられる。

ところが亡命知識人マンハイムの目には、イギリスでは中立的な思考をすることが主流になっていると映った。かれは戦時論集『現代の診断』で、この「中立性（neutrality）」に対する批判を展開する。マンハイムによれば、イギリスでは、「寛容（tolerance）」・「客観性（objectivity）」ということが、「中立性」と混同されてきた。特に、高等教育で目指されてきたものがこの中立性であり（Mannheim 1943, p. 67／邦訳三三七

―三三八頁）、これが過度に専門分化する断片的な教育と相まって、「問題点を明確に表明しなければならなくなるような機会を常に意図的に回避」することにつながる。その延長上に、ネヴィル・チェンバレンの対ナチス宥和政策に見られるような、ファシズムに対する優柔不断な対応が生じたというのである（Mannheim 1943, p. 65／邦訳三三四頁）。だが、価値基準が急速に変化しつつある大衆社会において、中立性の精神は価値基準そのものを失わせ、デモクラシーの危機に際して真の抵抗を企てることのできない人間を拡大再生産することになる、とマンハイムは憂慮した（Loader 1985, p. 154）。かれにとって、民主的な寛容も、科学的客観性も、自身の信じる立場に立つことを禁じたり、究極的な価値や目的についての議論を避けるよう要求するものではない。マンハイムは、真の寛容とはすべての人が自己の立場を表明する正当な機会を持つことであると主張し、自らもまた、全体主義の脅威に対して自由とデモクラシーを守る立場を鮮明に打ち出した。それが「戦闘的民主主義（militant democracy）」である。

「戦闘的民主主義」は、マンハイムの追究する「第三の道」に倫理的基礎を与えるものとされた（Mannheim 1943, pp. 4-8／邦訳二三八―二四四頁）。マンハイムは自らの「戦闘的民主主義」を、独裁者の戦闘的精神と区別して、

> 一方の独裁者の戦闘的精神は、その市民に全体主義的な価値体系や、囚人・精神病者に着せる拘束服のような自由のない社会組織を押しつけることを狙っており、他方の戦闘的民主主義は、広く容認された社会変化の合法的手続や、社会秩序が平穏に機能するための基盤となる基本的な徳行や価値――同胞愛・相互扶助・礼儀・社会正義・自由・人間尊重等のようなもの――を守る場合にのみ戦闘的になる（Mannheim 1943, p. 7／邦訳二四三頁）

と述べる。マンハイムの危機感は、全体主義からの挑戦に対してこちら側から応戦して行かなければ、デモクラシーは常に脅威にさらされるというものであり、何よりもそうした敵と対峙しているにもかかわらず中立的な発想で現実に対応しようとする、自覚の欠如に対する危機感である。かれの提唱する「戦闘的民主主義」とは、民主的な諸価値を当然のことと考えて疎かにするのでなく、むしろそれらを積極的に守るための戦いを起こそうという精神であった（Loader 1985, p. 154）。危機の時代にあっては、こうした戦闘的精神こそ歴史生成への参加に要請されると考えられたのであろう。

四　時代診断と「創造的政治学」

以上、マンハイムの思考法を、主に「動的思考」、「最大限の視野の拡大」、「歴史生成への参加」という観点から検討してきた。本章の冒頭にも述べたように、同時代人であるマンハイムとカーは、自由放任主義の危機という時代認識を共有していたと考えられる。流動・生成する政治を、変化に即していかにトータルに把握するか、というマンハイムの時代診断の思考法は、自由放任主義の危機という政治的リアリティの動的把握としてカーにインスピレーションを与えたであろう。

先に触れたジョーンズの解釈によれば、カーはマンハイムの「イデオロギー」を「ユートピアニズム」と読み替え、自らの立場である「リアリズム」を知識社会学に相当するものと位置付けた。ここで改めてマンハイムの「イデオロギー」という用語を考えるなら、かれは議論の文脈に応じてそれを種々に使い分けている。少なくともかれの「イデオロギー」には以下の二重の意味が込められている。まず（a）存在に拘束された思想・思考・知識としての「イデオロギー」。それに対して（b）存在と一致しない思想・思考・知識としての「イデオロギー」および「ユートピア」。そして「イデオロギー」と「ユートピア」の対比で言えば、前者が現実には決して実現され得ない観念だとされる（Mannheim 1936, p. 175／邦訳三四三頁）のに対して、後者は前述の通り現実の存在秩序を変革する作用を持つ観念であった。これらを前提にすれば、近現代における自由放任主義の位置付けは、

・産業資本主義が高度に発達した二〇世紀には、（b）の意味で「イデオロギー」
・近代の合理主義社会を目指す時点では「ユートピア」
・（a）の意味で、ブルジョワジーの「イデオロギー」

となろうか。イギリス期の議論までを視野に入れるなら、計画社会に向かう時代にあって自由放任主義は「存在（現実）と一致しない」観念ということになろう。あえて言うならば、かれの社会計画論においては、自由放任主義はもはやリアリティのない「イデオロギー」であり、「自由のための計画」はポジティブな意味での「ユートピア」だということになろう。

自由放任か独裁か、と二者択一的に考えるのであれば、「第三の道」は空想的であるかもしれない。それに対して、ユートピアを単なる空想と峻別するマンハイムは、遺稿『自由・権力・民主的計画』において、問題解決能力としての「創造的政治学」の必要性を説く。それはまず、社会内に作用する因果関係を診断する現状分析（言い換えれば媒介原理の発見）から始まり、次に、計画社会を考える際に、未だ実現されていない目標（要望項目の組み合わせ）を設定する。以上を満たして初めて、その目標に到達するように現在の動向を左右する道が開かれる、というのである（Mannheim 1951, p. 30／邦訳五一―五二頁）。「計画＝独裁」と

認識されがちであった当時の状況のなかで「自由のための計画」を構想するマンハイムにとって、現状（現実）と目標（理想）とをダイナミックな関係と見なし、現実変革に乗り出していくためには、このような「創造的政治学」とも言うべき発想が強調されるべきだったのだろう。現代社会とデモクラシーの危機の克服というマンハイムの実践意欲は、そのまま歴史生成への参加への意欲と言え、やはり未来への構想力としてのユートピアは必要不可欠なものであったと考えられる。

カー自身、ユートピアニズムを峻拒してリアリズムの立場に立とうとしたわけではなく、むしろ両者を綜合した政治学を構想したと考えられる。それがどこまでマンハイムの影響下にあったかは不明と言うよりないが、それでも以下のカーからの引用は、マンハイム的な「創造的政治学」への志向との親和性を示すと言えるだろう。

未成熟な思考は、すぐれて目的的でありユートピア的である。とはいえ、目的を全く拒む思考は老人の思考である。成熟した思考は、目的と観察・分析を合わせもつ。こうしてユートピアとリアリティは、政治学の両面を構成するのである。健全な政治思考および健全な政治生活は、ユートピアとリアリティがともに存するところにのみその姿を現わすであろう。（Carr 2001, p. 10／邦訳三九頁）

政治学は理論と現実の相互依存を認識し、その認識の上に築かれなければならないのである。しかもこの理論と現実の相互依存は、ユートピアとリアリティの相互連関があって初めて得られるものなのである。（Carr 2001, p. 14／邦訳四五頁）

マンハイムのカーへの影響を考える場合、おそらく重要なのは、マンハイムが終生追究した動的な政治・社会の把握の仕方であり、本章で検討してきた、知識社会学と社会計画論を貫く時代診断のあり方だったのではなかろうか。カーが高く評価したマンハイムの「はかりしれない綜合の才」とは、普遍妥当的な哲学的真理探究でなく、変転やまない時代の全体像を変化に即してリアルに把握せんとする、マンハイムのあくなき時代診断への熱意に発する「創造的政治学」であった、と言っても過言ではなかろう。かれのイギリス亡命をドイツ期からの知的断絶と見る立場からすれば、知識社会学と社会計画論はあまりに異質な議論に見えるであろうが、おそらくカーは、亡命前後のマンハイムの思考法をトータルに理解しようとした、二〇世紀中葉としては数少ない知識人であったろう。

＊本章は、科学研究費・基盤研究（C）課題番号19K01488の研究成果の一部である。

注

（1）日本では一般に『変革期における人間と社会』の名で知られている本書だが、「変革期」より「再建期」の方が原題に近いと考えられるので、本章ではそのように表記する。

（2）本章では、ドイツ語版ではなく、「問題の予備考察」という長文の序文の付いた英語版を用いることとする。

（3）ブダペスト時代からのマンハイムの生涯と思想については、邦文では秋元・澤井（一九九二）および澤井（二〇〇四）が明断で、英文ではWoldring（1986）がもっとも浩瀚である。

（4）現代的に言えば「再帰性」ということになろう（Barboza, 2018; Jones 1998, p. 126; Whitty 1997, p. 8）。

（5）ここでマンハイムによる大衆社会分析それ自体を検討する余裕はない。山田（二〇〇七）、Yamada（2016）、

Yamada（2018）を参照されたい。なおカーは第二次大戦後、ＢＢＣラジオ講演に基づいた『新しい社会』（Carr 1951）を出版し、デモクラシーの大衆民主主義への変貌や計画社会について論じている。そこにマンハイムからの影響がうかがえるものの、かれの名への直接的な言及はない。

参考文献

秋元律郎・澤井敦　一九九二『マンハイム研究――危機の理論と知識社会学』早稲田大学出版部。

澤井敦　二〇〇四『カール・マンハイム――時代を診断する亡命者』東信堂。

高橋徹　一九七九「マンハイムとオルテガ」、同編『マンハイム・オルテガ』中公バックス世界の名著68、中央公論社、五―九二頁。

見田宗介　一九七六「ユートピアの理論」、徳永恂編『知識社会学』社会学講座11、東京大学出版会、二〇三―二二〇頁。

山田竜作　一九九三「マンハイムの『第三の道』としての社会計画論再考――そのデモクラシー観を中心に」『法学研究年報』（日本大学）二三号、四〇七―四四一頁。

――――　二〇〇六「後期カール・マンハイムの政治思想的考察・序説」（一）『政経研究』（日本大学）四三巻三号、三四七―三七三頁。

――――　二〇〇七「後期カール・マンハイムの政治思想的考察・序説」（二）『政経研究』（日本大学）四三巻四号、二〇九―二三三頁。

Barboza, Amalia　2018 “Karl Mannheim’s Sociology of Self-Reflexivity”, in D. Kettler and V. Meja（eds.）, *The Anthem Companion to Karl Mannheim*, Anthem Press, pp. 175–198.

Carr, E. H.　1951 *The New Society*, Macmillan.（清水幾太郎訳『新しい社会』岩波新書、岩波書店、一九五三年）

――――　1980 *From Napoleon to Stalin and Other Essays*, Macmillan.（鈴木博信訳『ナポレオンからスターリンへ――現代史エッセイ集』岩波現代選書、岩波書店、一九八四年）

――――　2001［1939］*The Twenty Year's Crisis, 1919-1939*, Palgrave.（原彬久訳『危機の二十年――理想と現実』岩波文庫、岩波書店、二〇一一年）

Jones, Charles　1998 *E. H. Carr and International Relations: A Duty to Lie*, Cambridge University Press.

Loader, Colin　1985 *The Intellectual Development of Karl Mannheim: Culture, Politics, and Planning*, Cambridge University Press.

Mannheim, Karl　1936［1929］*Ideology and Utopia*, Routledge.（高橋徹・徳永恂訳『イデオロギーとユートピア』中公クラシックス、中央公論新社、二〇〇六年）

――――　1940 *Man and Society in an Age of Reconstruction*, Routledge.（福武直訳『変革期における人間と社会』みすず書房、一九六二年）

――――　1943 *Diagnosis of Our Time: Wartime Essays of a Sociologist*, Routledge.（長谷川善計訳『現代の診断』マンハイム全集第五巻、潮出版社、一九七六年）

――――　1951 *Freedom, Power and Democratic Planning*, Routledge.（田野崎昭夫訳『自由・権力・民主的計画』マンハイム全集第六巻、潮出版社、一九七六年）

Whitty, Geoff　1997 *Social Theory and Education Policy: The Legacy of Karl Mannheim*, Institute of Education, University of London.

Woldring, Henk E. S.　1986 *Karl Mannheim: The Development of His Thought*, Van Gorcum.

Yamada, Ryusaku　2016 "Karl Mannheim on Democratic Interaction: Revisiting Mass Society Theory", *Human Affairs*,

Vol. 26, Issue 2, pp. 93–103.
Yamada, Ryusaku　2018 "Mannheim, Mass Society and Democratic Theory", in D. Kettler and V. Meja (eds.) *The Anthem Companion to Karl Mannheim*, Anthem Press, pp. 51–69.

第二章　『危機の二十年』における一つの謎

――ラインホールド・ニーバーが与えた影響

上野友也

一　はじめに

E・H・カーは、『危機の二十年　一九一九―一九三九――国際関係論序論（*The Twenty Years' Crisis, 1919-1939: An Introduction to the Study of International Relations*）』の序文において、その執筆にあたって影響を受けた文献として、神学者ラインホールド・ニーバーの『道徳的人間と非道徳的社会――倫理学と政治学の研究（*Moral Man and Immoral Society: A Study of Ethics and Politics*）』と、カール・マンハイムの『イデオロギーとユートピア（*Ideologie und Utopie*）』の二冊をあげている（Carr 1939, p. cvii）。『危機の二十年』は、言うまでもなく数多くの文献を参照しているが、カーがこの二冊にとくに言及したのはなぜだったのであろうか。それは、一つの謎である。本章では、『道徳的人間と非道徳的社会』が、どのように『危機の二十年』に影響を与えたのか、与えなかったのかを明らかにすることにより、『危機の二十年』の新たな読み方を示すことにしたい。

本章では、第一に、ニーバーの業績を通観することで、ニーバーの思想と実践を概説したい。第二に、『道徳的人間と非道徳的社会』の内容を説明し、ニーバーの政治哲学を論じることにする。第三に、カーが『危機の二十年』において、『道徳的人間と非道徳的社会』のいずれの部分に言及したのかを確認する。そこで、ニーバーの政治哲学が『危機の二十年』に与えた影響と、与えなかった影響について考えることにする。これにより、『危機の二十年』の新たな解釈を示すことができるであろう。

なお、この章は、二〇一三年一〇月の「カー研究会」の報告の内容を整理したものであるが、研究会において、故人となられたカー研究者の山中仁美さんに、カーとニーバーとの関係について聞いたところ、両者に直接的な交流があったとは考えられず、両者の関係についての研究もほとんどないとのコメントを受けている。筆者も調査したところ、同様の結論に至っている。そのため、謎を解くカギは、二つの文献の内容とその解釈にかかわってくるであろう。

二　ニーバーとは何者か

ニーバーは、アメリカの牧師・神学者であり、アメリカのプロテスタンティズムに深い影響を与えた新正統主義神学者である。一九一五年、デトロイトのベゼル福音教会で牧師としての活動を開始し、一九二八年、ニューヨークのユニオン神学大学院の教授陣に加わった。ニーバーは、ユニオン神学大学院において三〇年間教壇に立ち、キリスト教現実主義を標榜し、当時の社会・政治・国際問題について発言し続けた。一九四八年には、『タイム』誌創刊二五周年記念号において、ニーバーが特集されており、その影響力は多大なものであったことがわかる（Brown 2002, pp. 2, 142／邦訳一八、二二九頁）。国際政治の現実主義者と知られるハンス・J・モーゲンソーやジョージ・F・ケナンなどの研究者と交流があり、彼らにも大きな影響を与えた（Brown 2002, p. 206／邦訳三三九頁）。

ニーバーは、デトロイト時代に工業労働者の劣悪な生活環境を目の当たりにする一方、資本家よりの自由主義神学を批判し、社会主義に傾倒するようになっていく。しかし、暴力的革命を主張するマルクス主義には批判的であり、革命後に実現するという労働者による国家の建設に対しては懐疑的であった。一九二八年の大統領選挙では、社会党のノーマン・トーマスを支援している（Brown 2002, p. 41／邦訳七六頁）。

ニーバーの初期の代表作は、『道徳的人間と非道徳的社会』（Niebuhr 1932）である。一九三〇年代の大恐慌の影響を受けて、失業などの社会問題が噴出しているなか、啓蒙主義に影響を受けて教育や科学を通じて、公正な社会が実現できると考えるモラリストや、自由主義神学に影響を受けたモラリストは、社会問題に対して有効な展望を打ち出せなかったとして、ニーバーは攻撃し、平等という正義のためには権力の行使が必要であると主張した。その具体的な内容については、後述することにしよう。

ニーバーは、このように二つのモラリズムに対して批判的であった一方、アメリカン・リベラリズムに対する積極的な擁護者であった（Brown 2002, p. 59／邦訳一〇三―一〇四頁）。当初、ローズベルト大統領が推進したニューディール政策に懐疑的であったが、社会主義から距離を置くにつれ、ニューディール政策の積極的な支援者となった（Brown 2002, pp. 58, 120／邦訳一〇二、一六四頁）。

ニーバーの最も代表的な著作は、『人間の本性と運命』（Niebuhr 1941, 1943）であり、一九三九年の英国エディンバラ大学におけるギフォード講演を文章におこしたものである。これらの講演と著作は、アウグスティヌスとキルケゴールから多大な影響を受けている。アウグスティヌスは、人間が記憶によって時間や精神を超越する能力を保持している一方、神のように世界の全体を把握する能力は保持しておらず、そのような断片的な性格をもつ人間が、世界の全体を把握しようとし、あるいは、それを実現しようとする場合に、罪が生み出されると考えた（Brown 2002, pp. 77-78／邦訳一三二頁）。ニーバーによれば、そのような罪は、人間が神のように振る舞う罪としてだけではなく、人間が他人に権力を行使する不正義としての性格も有している（Brown 2002, p. 78／邦訳一三三頁）。

ヒトラーが、ヨーロッパにおいて軍事的に膨張しつづけていることに対して、ニーバーは非難し、それを傍観するアメリカの平和主義者に対しても批判を加えた。それが、『キリスト教と権力政治』（Niebuhr 1940）の論文集の意図である。また、ニーバーは、全体主義に抵抗して民主主義を擁護するために、『光の子と闇の子』（Niebuhr 1944）を執筆し、そのなかで、「正義を実行し得る人間の力がデモクラシーを可能にするものであるが、他面、人間の不正に陥りやすい傾向が、デモクラシーを必要とする」という言葉を残している（Niebuhr 1944, p. xiii／邦訳七頁）。

アメリカとソ連の対立が激化し、国際政治に中心的主体として浮上してきたアメリカの理想主義に基づいた覇権主義を批判的に論じたのが、『アメリカ史のアイロニー』（Niebuhr 1952）である。また、政治学の行動主義革命に対しては、社会問題を解決するための科学的手法の限界などを説いた『キリスト教現実主義と政治的問題』（Niebuhr 1953）を執筆した。ニーバーは、反共リベラリズムの立場から、ソ連の封じ込めに賛成していたが、キューバ危機を経て、ソ連との平和共存を主張するようになった。また、アメリカによるヴェトナム介入には批判的であり、黒人公民権運動には同調的であった（Brown 2002, pp. 219-224, 233-238／邦訳三四八―三五五頁、三六八―三七七頁）。一九六〇年代には、脳梗塞で体調を崩したこともあって、執筆のペースは落ちたが、最後の著作として『人間の本性とその社会』（Niebuhr 1965）を世に出した。

このようにニーバーは、キリスト教新正統主義の立場から革新的な研究を世に発表するだけでなく、キリスト教の実践も標榜し、アメリカを中心とする社会、政治、国際問題に対する意見を積極的に表明していったのである。ニーバーの政治哲学は、アメリカの現実主義者だけでなく、イギリスのE・H・カーにも影響を与えることになった。

三　『道徳的社会と非道徳的社会』

ここでは、ニーバーの『道徳的人間と非道徳的社会』について概観し、ニーバーの初期における政治哲学について明らかにしていきたい。

(一) 人間の想像力と欲求

ニーバーは、人間は、他の被造物とは異なり、想像力があることによって呪われているという (Niebuhr 1932, p. 1／邦訳二一頁)。人間は、その才能によって、自らの必要を満たすことができるかもしれないが、想像力もあるので、自らの欲求を満たすことは決してできない。それは、人間の想像力は、人間の必要を超えた欲求を生み出すことになるからである (Niebuhr 1932, p. 1／邦訳二一頁)。人間は、生命の存続のためだけに生きているのではなく、より豊かな生活を想像できるがゆえに、それを実現するための欲求をたえず拡大させるのである。

しかし、ニーバーは、人間の想像力には限界があると考える。人間は、他人の欲求を自己の欲求のように想像することはできないからである。人間は、自己の欲求を超えるほどの想像力をもっていないのである。それゆえ、自己の欲求と他者の欲求は調和することがなく、調整する必要が出てくる (Niebuhr 1932, p. 6／

邦訳二六頁）。それでは、人間には、自己の欲求と他者の欲求を調整する能力が欠けているかといえばそうではない。人間には、理性や知性、慈愛や善意といった能力をもっているからである（Niebuhr 1932, p. 3／邦訳二二頁）。しかし、家族のような有機的な関係に基づく集団においては、そのような能力によって調整が比較的に容易に行われる一方、国家のような複雑な社会関係に基づく集団においては、そのような調整は相対的に困難になってくる（Niebuhr 1932, p. 3／邦訳二二頁）。

(二) 人間社会における権力・正義・秩序

ニーバーは、そこで導入される調整の手段が、権力であると考える。権力によって、人間と人間との欲求が強制的に調整される（Niebuhr 1932, p. 3／邦訳二三頁）。しかし、そうであるからといって、ニーバーは、権力が正義であるとは考えない。権力は、つねに不正義だからである（Niebuhr 1932, p. 6／邦訳二六頁）。それでは、なぜ、権力はつねに不正義なのであろうか。人間は、権力自体を獲得しようと欲求することから、人間の社会においては、権力をめぐる闘争がつねに生じ、誰が権力を行使し、誰が権力を行使されるのかという不平等から逃れられないからである（Niebuhr 1932, p. 8／邦訳二七頁）。そのような権力をめぐる闘争によって構築される社会の秩序は、一時的で不安定なものにならざるをえない（Niebuhr 1932, p. 4／邦訳二四頁）。

ニーバーは、このように国内社会の正義と秩序について説明しているのであるが、国際社会の正義と秩序についてはどのように説明しているのであろうか。ニーバーによれば、国際社会のような国家や国民から構成される非常に複雑な社会集団の場合、人間の欲求を調整することはいっそう困難である（Niebuhr 1932, p. 16／邦訳三四頁）。それゆえ、国際社会における利害の調整には、帝国主義的な権力の行使が必要になる

(Niebuhr 1932, pp. 18–19／邦訳三六頁)。そのように構築される国際社会の秩序は、つねに不正義であり、国家間の権力闘争がたえず繰り広げられることから一時的で不安定なものにすぎない。

ニーバーは、国内社会の秩序と国際社会の無秩序の関係について、他の現実主義者にみられない独特な仕方で説明している。ニーバーは、国内社会の秩序が、国際社会の無秩序を生み出すと考える。国内社会において権力を行使する指導者や特権階級は、自己の欲求を満たすために戦争に訴えることがある。それゆえ、国内社会の秩序は、国際社会の無秩序に結びつく(Niebuhr 1932, pp. 16-18／邦訳三四―三七頁)。しかし、より重要なことは、国内社会において権力を行使できない人びとですら、戦争に賛同し、喜んで犠牲になることがあるのはなぜかということである。ニーバーは、このように説明する。権力をもたない人びとは、権力をもつ国家に自己を投影して、権力を行使しているかのように欲求を満たすのである(Niebuhr 1932, p. 18／邦訳二一六頁)。それゆえ、国内社会の統合は、国際社会の分断を生み出すことになる。

このようにニーバーは、人間社会における正義と秩序の達成についてきわめて悲観的な見解を示している。人間社会は、人間の欲求を調整するために権力を必要とし、秩序を維持するのであるが、そのような権力はつねに不正義をもたらすことから、秩序は正義と両立しえない。それでは、人間社会において正義は実現できない価値なのであろうか。それについて、ニーバーは以下のように述べている(Niebuhr 1932, p. 20／邦訳三八頁)。

> 歴史とは、のぞましい社会の統合と正義の目標をめざす努力がみのらなかったこと、そしてその失敗の原因はふつう力の要素を完全に除去しようとしたり、あるいはそれに不当に依存したりすることによるのだが、つまり歴史というものはそのみのりない努力のながい物語なのである。

(三) 人間社会における政治――秩序と正義のあいだで

これによれば、ニーバーは、人間の歴史が正義と秩序の両立に向けた途方もないものであり、その努力が失敗するのは、人間が権力を除去して正義を達成しようとするか、権力に依存して秩序を達成しようとするかのいずれかであるからだと述べている。それゆえ、ニーバーは、人間社会における正義と秩序の達成に否定的であるだけでなく、人間社会から正義や秩序を排除することにも否定的なのである。正義と秩序が達成できないのに、正義や秩序も排除できないというのは、どのような状態を意味するのであろうか。ニーバーによれば、そのような状態こそが、政治なのである（Niebuhr 1932, p. 4／邦訳二三―二四頁）。

政治とは、歴史の終わるにいたるまで、良心と権力とがぶつかり合う場であり、人間生活のもつ倫理的要素と強制的要素とが相互にいり組み、両者間の一時的不安定な妥協が成り立つ場なのである。

人間社会の秩序を維持するための権力は不正義をもたらすが、人間社会の正義を実現するための良心が権力を抑制する。それゆえ、正義が達成されることもなく、秩序が達成されることもないのである。政治とは、そのような葛藤の場である。前述したように、ニーバーによれば、人間には、自己の欲求と他者の欲求を調整する能力が欠けているわけではなく、理性や知性、慈愛や善意といった能力をもっているのであった（Niebuhr 1932, p. 3／邦訳二二頁）。そのような人間の能力は、国家や国際社会の権力政治を超えて正義を実現できるものではないが、権力政治を抑制する機能を果たしているのである。

そこで、ニーバーは、政治を葛藤の場と位置付けるのであるが、政治はそれだけのものであろうか。ニーバーは、政治が進むべき目標について、以下のようにまとめている（Niebuhr 1932, p. 22／邦訳四〇頁）。

きたるべき数世紀にたいする集団的人間の関心は、強制のない完全な平和と正義の理想的社会の創設などではなくて、集団的人間の共同の事業が完全な破滅に終わらないようそれを防ぐに足るほどの十分な正義があり、同じく十分に非暴力的な強制力をもつ社会を創設することである。

ニーバーは、人間社会から秩序や正義を排除できないのであれば、無秩序にならない程度に十分な正義を実現するべきであり、そのような正義を実現するためには、権力の行使は暴力的手段よりも非暴力的手段によるのが望ましいと結論づけるのである。

(四)　批判の対象

(a)　モラリズム（moralism）に対して

ニーバーは、人間社会において正義や秩序が達成されることはないと述べており、人間社会から権力を除去して正義を達成できるという立場（モラリズム）と、権力に依存することで秩序を実現できるという立場（政治的リアリズム）の両方に対して批判を加えていく。

モラリストは、人間社会において権力に基づいた秩序の形成を否定し、理性と良心に基づいて正義が達成できると考える。ニーバーが、このようなモラリズムにあげるのは、近代合理主義、自由主義神学、宗教的静寂主義の三つである。

第一は、近代合理主義である。これは、社会の不正義が人間の無知に起因していることから、理性や知性を向上させることで正義のある社会を実現できるという立場である（Niebuhr 1932, p. 23／邦訳四一頁）。ニーバーは、人間の理性は、自己の欲求を超えて社会全体における人間の欲求をすべて把握できず、自己の欲求や社会全体における人間の欲求を抑制できるほど強力ではないので、人間が無知な状態を改善しても、人間社会の闘争や不正義を完全に除去することはできないと批判している（Niebuhr 1932, p. 40／邦訳五八頁）。

第二は、自由主義神学である。これは、社会の不正義が人間の自己中心性に起因していることから、慈愛と良心を向上させることで愛のある社会を実現できるという立場である（Niebuhr 1932, p. 23／邦訳四一頁）。ニーバーは、宗教が超越的存在に服することで自己中心性を制約する利点があると指摘しつつも、宗教が自己を絶対化する手段として利用されるおそれがあり、人間が信仰を通じて良心を増大させたとしても、人間社会の闘争や不正義が完全に除去できないと論じる（Niebuhr 1932, p. 63／邦訳八一頁）。

第三は、宗教的静寂主義である。これは、第一と第二の立場とはかなり異なる立場である。これは、社会の不正義は、人間が信仰を通じて慈愛と良心を増大させたとしても、人間社会の闘争や不正義が完全に除去できないのだから、信仰の純粋性を維持するために、自己を社会から切り離して政治に無関心になるほかないという立場である（Niebuhr 1932, pp. 69-70／邦訳八七頁）。ニーバーは、宗教は超越的存在に服して、悔い改めの精神により自己中心性を制約する利点があるが、自己中心性を制約することにより愛と慈善の精神を促進するものでもあり、社会の闘争や不正義を制約する要素までは否定できないと述べている（Niebuhr 1932, p. 71／邦訳八八―八九頁）。

（b）徹底的すぎる政治的リアリズム（too consistent political realism）に対して

一方、ニーバーは、人間社会において理性や良心に基づいた正義の実現を否定し、権力に依存してこそ秩序が達成できるという政治的リアリズムにも批判的である。ニーバーによれば、国家や国際社会において秩序を形成するためには権力が必要であり、その権力はつねに不正義をもたらすのであるから、その不正義を打破するための新たな権力が必要になる。それゆえ、国家や国際社会は、権力闘争の循環から逃れることができなくなり、終わりなき戦争状態に陥るのである（Niebuhr 1932, p. 231／邦訳二四五頁）。

（c）モラリズムと政治的リアリズムとの緊張関係

それでは、このような戦争状態を緩和するためには、どのようにすればよいのか。ニーバーは、以下のように述べている（Niebuhr 1932, pp. 233-234／邦訳二三七―二四八頁）。

政治における適切なる道徳性とは、モラリストと政治的リアリストとの両者のもつ洞察を正しく受けとめるものでなくてはならない。〔……〕人間の集団生活が強制をなくそうとするのではなくてむしろそれをできるだけ少なくすることによって、またその強制が人間社会において道徳的理性的要素に最もよく即応する仕方で用いられるよう配慮することによって、また強制が用いられる場合その目的目標がなんであるかを識別することによって、社会が不毛な闘争の無限循環におちいらないようつとめるであろう。

ニーバーは、モラリズムと政治的リアリズムの双方とも誤りであり、双方とも正しいと考える。ニーバーは、両者の緊張関係の中間に立つのである。人間社会から権力を除去することはできないが、権力を行使しないように努めることが重要であり、権力を行使する場合でも、その権力の強制性を弱めることが重要であると考えるのである。

四　『危機の二十年』と『道徳的人間と非道徳的社会』

ここからは、ニーバーの『道徳的人間と非道徳的社会』が、カーの『危機の二十年』にどのような影響を与えたのか、与えなかったのかということについて論じていくことにする。

（一）政治――権力と道義

カーは、『危機の二十年』序文のなかで、最も影響を受けた著作の一つとして、ニーバーの『道徳的人間と非道徳的社会』をあげたうえで、この著作が、政治の根源的問題を照らし出していると評価している（Carr 1939, p. cvii／邦訳一四頁）。このことから、『道徳的人間と非道徳的社会』における政治の解釈が、『危機の二十年』に大きな影響を与えていると考えるのは自然であろう。カーは、『危機の二十年』のなかで『道徳的人間と非道徳的社会』を七箇所参照しているが（Car 1939, pp. 77, 85, 94, 95, 105, 145, 148／邦訳一七二、一八五、二〇一、二〇三、二二二、三〇四、三一二頁）、そのなかで重要であると考えられるのは、『危機の二十年』第七章「政治の本質」の最終部分にある（Car 1939, p. 95／邦訳二〇三頁）。それは、政治の定義に関するものである。

ニーバー博士はこう書いている。「政治とは、歴史の終わりにいたるまで、良心と権力とがぶつかりあう場であり、人間生活のもつ倫理的要素と強制的要素とが相互にいり組み、両者間の一時的不安定な妥協が成り立つ場なのである」。

カーは、ニーバーの議論に沿って、政治とは、道義と権力を妥協させることであると論じている。このことは、ニーバーの政治の定義を引用した直後に説明されている（Car 1939, p. 95／邦訳二〇三頁）。

こうした妥協は、人間が抱える他の諸問題の解決と同様、ぎこちなくかつ不確かなものになるだろう。しかしこれら二つの要素が考慮されることは、あらゆる妥協にとって必要不可欠なことである。

カーは、このような政治とは権力と道義の妥協であるというニーバーの見解を受けて、それを国際政治に拡張して論じようとしている（Car 1939, p. 95／邦訳二〇三頁）。

したがって、いまわれわれは、これら権力と道義という二つの重要な要因が国際政治で果たす役割を分析しなければならないのである。

これ以降、カーは、国際政治における権力と道義の問題について議論を深めていくことになる。ニーバーが『道徳的人間と非道徳的社会』において議論した良心／権力、正義／秩序という対立軸は、カーの『危機の二十年』で重要な意味をもって継承されている。それは、第八章「国際政治における権力」、第九章「国際政治における道義」、第一三章「平和的変革」のなかの「政治的変革における権力の役割」「政治的変化における道義の役割」、第一四章「新しい国際秩序への展望」のなかの「新しい国際秩序における権力」「新しい国際秩序における道義」において権力と道義の対立がみられるからである。

ところが、カーは、『危機の二十年』序文において、『道徳的人間と非道徳的社会』が、政治の根源的問題を照らし出していると評価する一方、同じ文のなかに「国際関係に特別かかわるものではないのだが」という言葉を挿入している。たしかに、『危機の二十年』第八章・第九章におけるニーバーの引用は、国際関係にかかわるものではなく、第一〇章以降は、引用されることもなくなる。このことから、ニーバーの著作は、カーの国際政治の分析に権力／道義という二項対立を持ち込む一方で、国際政治の具体的な分析にはあまり影響を与えなかったといえよう。

(二) ユートピアニズムとリアリズムの相克

権力／道義という二項対立に関しては、ニーバーがカーに与えた重大な影響をみることができたが、ユートピアニズム／リアリズムという二項対立に関しては、カーはニーバーから直接的な影響を受けていると推測することは困難である。それは、これに関連する引用や参照がないからである。しかし、前述したように、ニーバーもモラリズム／徹底的すぎる政治的リアリズムという二項対立を持ち込んで議論を展開しており、相互の二項対立を比較することには意味があるだろう。

カーは、ユートピアニズム／リアリズムの対立が、多くの思考形態に現れる基本的な対立であると述べ（Car 1939, p. 12／邦訳四〇頁）、ユートピアニズムは、何があるべきなのかに集中するあまり、何があったのか、何があるのかということについて軽視する傾向があり、リアリズムは、何があり、何があったのかということから、何があるべきかについて導き出す傾向があると述べている（Car 1939, p. 12／邦訳四〇頁）。価値と事実の対立とみなしているわけである。そのように論じたうえで、ユートピアニズム／リアリズムの対立軸は、自由意志／決定論（Car 1939, p. 12／邦訳四一頁）、理論／現実（Car 1939, p. 13／邦訳四二頁）、知識人／官僚（Car 1939, p. 14／邦訳四五頁）、左派／右派（Car 1939, p. 18／邦訳五四頁）という対立軸に符合すると述べている。

さらに、カーは、ユートピアニズム／リアリズムが、根源的には政治と倫理の捉え方の相違に起因すると考える。ユートピアニズムは、倫理を政治に優先し、政治を倫理に引き寄せる立場であり、リアリズムは、政治を倫理に優先し、倫理を政治に読み返す立場である（Car 1939, p. 19／邦訳五七頁）。例えば、ユートピアニズムは、人権外交を唱えて、人権保障を外交の目標に掲げようとするが、リアリズムは、人権保障を口実に外交の目標を達成しようと考えるのである。

また、カーは、ユートピアニズム／リアリズムの対立が、道義／権力の対立にも関連すると述べている（Car 1939, p. 88／邦訳一九一―一九二頁）。

相入れない力と力の絶えざる相互作用こそ、政治の本質である。あらゆる政治的状況には、ユートピアとリアリティ、道義と権力という相矛盾する要素が含まれているのである。

このようにみてくると、カーのユートピアニズムとリアリズムは、非常に広範な要素を含むことがわかる。言い換えれば、それらが意味するものは非常に曖昧である。これは、ニーバーのモラリズム／徹底的すぎる政治的リアリズムの対立と対照すると明確である。ニーバーは、モラリズムとして、近代合理主義、自由主義神学、宗教的静寂主義の三つをあげ、前二者が人間社会から権力を除去して正義を達成できるという立場であると述べる一方、徹底的すぎる政治的リアリズムは、権力に依存することで秩序を実現できるという立場としており、良心／権力の対立と正義／秩序の対立を明確かつ整合的に説明している。これは、カーの『危機の二十年』には欠落しているところである。

その一方で、カーのユートピアニズム／リアリズム、ニーバーのモラリズム／徹底的すぎる政治的リアリズムの二区分法は、類似しているところもある。それは、カーもニーバーもいずれの立場も極端な立場であり、その中間に立つべきであると考えているところである。カーは、以下のように述べている（Car 1939, p. 87／邦訳一九〇頁）。

あらゆる健全な政治的思考はユートピアとリアリティ双方の諸要素に基礎づけられなければならない、ということである。

前述したように、ニーバーは以下のように述べていた（Niebuhr 1932, pp. 233-234／邦訳二四七頁）。

政治における適切なる道徳性とは、モラリストと政治的リアリストとの両者のもつ洞察を正しく受けとめるものでなくてはならない。

ニーバーのモラリズム／徹底的すぎる政治的リアリズムの二項対立が、カーのユートピアニズム／リアリズムに影響を与えたかどうかは不明であるが、両者の二項対立は類似しており、二極の論者の見解を十分に理解するべきであるとする主張も同様である。

(三)　人間と国家

それでは、人間と国家の関係については、カーとニーバーとのあいだで、どのような相違と類似があるだろうか。これについても、カーがニーバーからどのような影響を受けたのかはわからないが、両者を比較することで、『危機の二十年』における人間観と国家観がいっそう明確になるであろう。

カーは、これについて以下のように書いている（Carr 1939, p. 92／邦訳一九六頁）。

強制と良心、憎悪と善意、自己主張と自己抑制はあらゆる政治社会に厳としてある。国家は人間性のこれら相反する二つの側面から形成されている。

カーは、人間には強制と良心の二側面があるので、国家も同様に二側面あるという理解を示している。しかし、ニーバーの理解はだいぶ異なるものであった。ニーバーは、人間には想像力があり、それにより自己の欲求は拡張する一方、自己の欲求を超えて他人の欲求を理解できるほどの力ではないので、自己と他人との欲求の調整が必要になると主張していた。そのような調整に、理性や知性、慈愛や善意といった能力が使われるが、親密な関係であれば、このような能力が相対的に発揮されるが、社会集団が拡大していくにつれて、強制と権力の要素が相対的に強化されることになる。

このようにカーとニーバーの説明を比較してみると、カーの説明は簡明であるがゆえに単純すぎて、すべてを二項対立に落とし込んで説明しようとするきらいがあるように思われる。カーは、個人と国家に二面性があるという一方、個人の二面性と国家の二面性との相違についてはとくに論じていない。この点については、ニーバーの説明の方が説得的であるといえよう。

五　おわりに

これまでカーの『危機の二十年』が、ニーバーの『道徳的人間と非道徳的社会』から、どのような影響を受けてきたのかを論じてきた。ニーバーの著作が、『危機の二十年』に直接与えた影響は、道義／権力という二項対立を持ち込んだことである。これは、カーが、ニーバーの政治の定義を引用して、その対立軸を中心に議論を展開していることからもわかる。その一方、ニーバーのモラリズム／徹底的すぎる政治的リアリズムという二項対立が、カーのユートピアニズム／リアリズムという二項対立に影響を与えたのかは明確ではない。ただし、両者ともに、この二つの極の両方の見解を踏まえることが重要であると考える点では一致しているのであった。また、個人と国家に対する見方に関しては、カーが二項対立の図式に基づいて理解する一方、ニーバーは、人間の想像力の可能性と限界という独特な視点から考えており、その点についてはかなり相違があるように思われる。

カーの『危機の二十年』とニーバーの『道徳的人間と非道徳的社会』を比較すると、総じて、『危機の二十年』が意識的に単純な二項対立の図式を用いて、国際政治の世界を把握しようとし、『道徳的人間と非道徳的社会』においても、想像力の可能性／限界、良心／権力、正義／秩序、モラリズム／徹底的すぎる政治的リアリズムといった二項対立を持ち込んで政治の世界を理解しようとしていた。

しかし、『道徳的人間と非道徳的社会』において強調されていたのは、人間の善悪という二側面ではなく、道徳からみた個人と国家の二側面であった。人間は想像力を発揮し、家族や近親者との関係を円滑に進めることができる一方、国内社会や国際社会においては遠方の他者に対する人間の想像力は希釈され、それだけいっそう、自己と他者の欲望を権力によって制御する必要が出てくるのであった。国際政治が、権力政治に陥りやすいのは、そのためであった。

なぜ、家族や地域社会における道義と権力、国内社会における道義と権力、国際社会における道義と権力は異なるのか。このような説明は、『危機の二十年』では十分になされているとは言えない。それは、『危機の二十年』が集団の規模を無視して、個人と国家を単純な二項対立によってとらえているからである。そのような意味において、『危機の二十年』は、『道徳的人間と非道徳的社会』というタイトルから十分に学んでいないと言えるのである。

参考文献

鈴木有郷　一九八二『ラインホルド・ニーバーの人間観』教文館。

――――　一九九八『ラインホルド・ニーバーとアメリカ』新教出版社。

平田忠輔　一九八九『現代アメリカと政治的知識人――ラインホルド・ニーバーの政治論』法律文化社。

Brown, Charles C.　2002 *Niebuhr and His Age: Reinhold Niebuhr's Prophetic Role and Legacy*, New Edition, Harrisburg, Penn.: Trinity Press International.（高橋義文訳『ニーバーとその時代――ラインホールド・ニーバーの預言者的役割とその遺産』聖学院大学出版会、二〇〇四年）

Carr, E. H.　1939（2001）*Twenty Years' Crisis, 1919-1939: An Introduction to the Study of International Relations*, Basingstoke, Hampshire, and New York: Palgrave.（原彬久訳『危機の二十年――理想と現実』岩波文庫、岩波書店、二〇一一年）

Niebuhr, Reinhold　1932 *Moral Man and Immoral Society: A Study of Ethics and Politics*, Charles Scribner's Sons.（大木英夫訳『道徳的人間と非道徳的社会——倫理学と政治学の研究』白水社、一九九八年）

——　1940 *Christianity and Power Politics*, Charles Scribner's Sons.

——　1941 *The Nature and Destiny of Man: A Christian Interpretation, Volume 1: Human Nature*, Charles Scribner's Sons.（武田清子訳『キリスト教人間観——第一部　人間の本性』新教出版社、一九五一年）

——　1943 *The Nature and Destiny of Man: A Christian Interpretation, Volume 2: Human Destiny*, Charles Scribner's Sons.（高橋義文・柳田浩夫訳『人間の運命——キリスト教的解釈』聖学院大学出版会、二〇一七年）

——　1944 *The Children of Light and the Children of Darkness: A Vindication of Democracy and a Critique of its Traditional Defense*, Charles Scribner's Sons.（武田清子訳『光の子と闇の子』新版、晶文社、二〇一七年）

——　1952 *The Irony of American History*, Charles Scribner's Sons.（大木英夫・深井智朗訳『アメリカ史のアイロニー』聖学院大学出版会、二〇〇二年）

——　1953 *Christian Realism and Political Problems*, London: Faber & Faber Limited.

——　1965 *Man's Nature and His Communities: Essays on the Dynamics and Enigmas of Man's Personal and Social Existence*, London: Geoffrey Bles.（津田淳・坪井一訳『人間の本性とその社会——個人的・社会的存在としての人間の力動性と謎に関する論考』北望社、一九六九年）

第三章　経済人の終わり
——ピーター・ドラッカーとカー

清水耕介

一　イントロ

ピーター・ドラッカーは広く経営学の父として知られる研究者である。彼の著作は広範囲に及ぶが、そのなかでも『経済人の終わり』はかなり特異な位置を占めると言える。なぜなら、ドラッカーというその名前は企業経営・マネージメントという文脈と密接に関連付けられており、その組織管理を高校野球の文脈で説明した『もしも高校野球の女子マネージャーがドラッカーの『マネジメント』を読んだら』がベストセラーになったことは記憶に新しい（もっともなぜそれが「女子マネージャー」でなければならないのか、「男子マネージャー」はどうなのか、という点について、そこに明らかなジェンダーバイアスがあることは言うまでもない）。

このように、主として経営学の分野で名を馳せたドラッカーであるが、E・H・カーがその著書『危機の二十年』で彼の『経済人の終わり』を絶賛していることはあまり知られていない。その言及が「第一版への序文」という目立たないところにあることや、上記のようにドラッカーが経営学の専門家として世界的に知られており、国際関係論とは全く違う分野の専門家として理解されてきたことなどがその主たる理由として考えられるが、カーがドラッカーのナチズムの分析を称賛したという事実は、同時代を生きたカーの戦間期についての議論を理解するうえで非常に興味深い。

ドラッカーは、一九〇九年にオーストリア・ハンガリー帝国期のウィーンで比較的裕福なユダヤ人の家庭に生まれ、のちに新聞記者としてヒトラーやゲッペルスなどを取材する。彼はその初の刊行物である『経済人の終わり』でナチスが登場するまでのドイツを詳細に描いており、その実体験（実際、本書は一九三三年にヒトラーが政権をとった数週間後に書き始められている）に基づく全体主義分析の詳細さという点ではハンナ・アレントの『全体主義の起源』に勝るとも劣らないと言える。またドラッカーのナチスについての著述とアレントのそれとが多くの部分で似通っているという点もまた、戦間期の国際政治を研究する者には非常に興味深いものであると言える。事実、ドラッカーは、同書の一九六九年版のまえがきで、アレントの『全体主義の起源』について短くふれ、それが「思想史として傑出した著作であり、感動的とさえいえる」ものであると高く評価し、何がファシズム全体主義を発生させ蔓延させたか、という問いを『経済人の終わり』以外に取り上げた唯一のものであったと述べている（ただし、彼女が批判したドイツの知識人の弱み、すなわち現実の社会・政府に対する侮蔑の念と権力および政治プロセスに対する無関心という傾向が彼女自身にも見られるという批判も忘れていない）。

また、ドラッカーの『経済人の終わり』は今日の世界情勢を理解するという文脈においても非常に重要である。イギリスのBrexit、アメリカのトランプ大統領、フィリピンのドゥテルテ大統領、ブラジルのボルソナロ大統領などに特徴的ないわゆる極右勢力による他者の排除と「ポスト・トゥルース」の時代となった今日、戦間期ドイツにおけるナチス台頭の社会的背景を描いた同書は現代と戦間期がパラレルとなっていることを如実に示している。現代における真実・理性の権威の失墜と同時に起きている排外的な傾向はこれらの国々にとどまらない。ドイツやフランスなどEUにおける移民の排斥、逆に日本の国会で議論されている「外国人労働者」の人としてではなく「労働者」としての受け入れなどもまた他者の疎外という点では同様の現象と言える。この二つの現象、すなわちポスト・トゥルースと排外主義という現象は往々にして同時に表出してきた。事実、日本の国会に提出された「外国人労働者」についての統計が正確でなかったことが明らかとなったことはその典型的な例である（『朝日新聞』二〇一八年一一月一七日）。

真実・理性の権威の失墜と他者の排斥という現象をナチスの政策を通して目撃したドラッカーの著述のなかで、なによりも興味深いのはこの真実の権威の失墜と極右勢力の台頭という現象はヒトラーの圧政によるものではなく、プロパガンダによるものでもなく、人々が自ら進んで嘘にまみれた新たな政治勢力を、嘘を承知で支持したという点にある。ドラッカーはまさにその瞬間をユダヤ人として目撃していたのである。そしてドイツの内側からの視点は、国際関係という非常に大きな視点からナチスをある意味好意的に受け止めていたE・H・カーの『危機の二十年』とかなり異なっている。

では、経営学の専門家として世界的に有名になったドラッカーの見たナチス台頭の背景とはどのようなものだったのか。本章ではE・H・カーと同時代を生きた、ピーター・ドラッカーによる『経済人の終わり』に焦点を当てることとしたい。

二　ドラッカーの見たナチス台頭現象

『危機の二十年』の初頭、カーは、「ピーター・ドラッカー氏の『経済人の終わり』については、私の原稿がほとんど完成してからこれを手に入れたのだが、同書には、世界史における今日の危機についていくつかの才気ある明察や、極めて刺激的かつ含蓄ある分析が含まれている」と述べている。この言及は『危機の二十年』初版（一九三九年）の序文にあり、事実『経済人の終わり』は一九三九年に出版されている。しかし、本書は一九三三年のナチスが台頭してきた時代に書き始められており、早い時期に書き上げられていたと思われる。事実、一九六五年版の前書きには、原稿を書き上げた後も彼の分析からの帰結がその通りになるかどうかを確認するためにしばらく原稿を寝かせていたこと、それらの分析が正しかったことが明らかとなった後もその独ソ不可侵条約等の過激な結論のため出版社がなかなか見つからなかったことが書かれている（ドラッカー　二〇〇七、二六二頁）。

その後の独ソ不可侵条約の締結にみられるようにドラッカーの当時の状況の描写・分析は明断を極めている。『経済人の終わり』は八章からなるが、そのなかでもドラッカー自身は鍵となる章として第二章の「大衆の絶望」および第三章の「魔物たちの再来」をあげている。これは、ドラッカーのこの著書が政治学というよりは社会学的な視点から書かれていることと関係している。すなわちナチスが何をしたのかという点ではなく、人々がなぜナチスを支持したのか、つまりナチス台頭の社会的背景がその焦点となっているためである。そこで述べられているのは、ブルジョワ資本主義とその対抗勢力であるマルクス主義に対する人々の絶望感であり、その絶望感がナチスの台頭として具現化されるその道筋である。その絶望感は、「魔物」という言葉でドラッカーが表すような第一次大戦によるヨーロッパの荒廃、秩序の崩壊、人々の分子化による生きる意味の喪失からブルジョア資本主義とマルクス主義が人々を救うことに失敗した時に決定的なものとなった。第一次大戦での空中からの毒ガスの散布や世界恐慌による半永久的な失業など、合理的に説明される世界秩序とは掛け離れた現実が人々を困惑させた。そしてそうした惨劇がすべて人間の手によってもたらされたという事実は、その後の人々が圧倒的に秩序を求めたという事実を説明する。

　ドラッカーはナチス台頭を三つの特徴で説明する。第一に、ナチズムとファシズムを包含する概念としての「ファシズム全体主義」が「積極的な信条をもたず、もっぱら他の信条を攻撃し、排斥し、否定する」こと。換言すれば、ファシズムは何ら積極的な秩序形成や新たな信条を提供しないという事実である。第二に、ファシズムは「政治と社会の基盤としての権力を否定する」こと。すなわち「その支配下にある個人の福祉の向上のための手段として政治権力や社会権力を正当化する必要を認めない」のである。否定の政治勢力であるナチスは、その権力の正当性の必要性をも否定する。第三に、ファシズムへの参加は「積極的な信条に代わるものとしてファシズムの約束を信じるためではなく、まさにそれを信じないがゆえに行われ」たこと。ファシズムの支持者がプロパガンダによって騙された人々であるという戦後の世界に広く行き渡った認識は、その意味で間違いである。逆に、人々はその約束を信じないということこそが、人々がナチスに惹かれる理由だったとドラッカーは述べるのである。

　では、第一の点、すなわち否定の政治運動としてのナチズムとはどのような現象を意味するのであろうか。ドラッカーは、ナチズムを次のように描いている。


〔ナチズムは〕反リベラルであると同時に反保守である。反宗教であると同時に反無神論である。反資本主義であると同時に反社会主義である。反軍国主義であると同時に反平和主義である。反大企業であると同時にあまりに多すぎるがゆえに反職人、反商店である。（ドラッカー 二〇〇七、一二頁）

つまり、ナチズムには何一つ積極的な信条や秩序はなく、ひたすらさまざまな社会・経済的信条を攻撃し続けたのである。そしてその信条の欠落を保管したのが「行動」という概念であった。ムッソリーニが「人が歴史をつくる」と述べたのはこのことである。リベラリズムにしても社会主義にしても、その行き着くところは前もって提示されている。すなわち真の自由である。事実、マルクス主義は社会主義の成立によって実現される真の自由を明らかにするために、資本主義社会における表面的な自由を批判し、そこでは「人間が自由でないばかりか、自由になる能力さえないこと」を証明しようとした（ドラッカー 二〇〇七、五〇頁）。つまりリベラリズムはもちろん、社会主義にしてもその目的は初めから措定されていた。しかし、ファシズム全体主義はその行き先を前もって確定することはなかった。逆にリベラリズムや社会主義を否定することにより行動＝革命を起こし、その後に信条や秩序が生み出されるという論法をとったのである。これが「人が歴史をつくる」という言葉が意味するものである。つまり、理性によって行き先を決めるよりも、行動によって、換言すれば身体的に行動することによって行き先を定めるという方法なのである（ドラッカー 二〇〇七、一一頁）。もちろん、ドラッカーはこの論法を詭弁であると断罪する。事実ドラッカーは、結局のところナチスの台頭による「旧秩序の崩壊に伴って新しい前向きの心情は何も生まれなかった」と述べている。

こうした身体性の強調は、その当時のドイツ知識人層に広がっていたロマン主義的な方向性と一致する。理性の否定から身体性へと向かったロマン主義は、当時のドイツの国際的な立ち位置を反映している。経済的・政治的にイギリスなどの当時の大国に追いつこうとしていたドイツは、そのアイデンティティを理性以外のものによって確立する必要性に直面する。イギリスなどの西洋に対抗するためには、それらと同様の理性的な国家として自己を確立しても十分とは言えない。そこで必要とされるのは、理性以外の何かによる自己の確立であった。その結果、ドイツは歴史、血、魂といった理性的ではない概念に頼ることとなる。その結果が、いわゆる理性よりもより感性に寄ったロマン主義の登場である（アーレント 一九八一、一七八―一七九頁)。

アレントは、ナチス台頭の背景となったロマン主義的な種族的ナショナリズムの特性を「伝統、政治的諸制度、文化など、自国民の眼に見える存在に属する一切のものを〔……〕「血」という虚構の基準に照らして測り、断罪する」点に見る。その元となったのがドイツ人の「魂」という内向きのアイデンティティの構築である。そしてこの「魂は何かを具現するものたり得ない」ことから「この欠点を補うために、魂と肉体のいわば逢い引きの場となるべき「血」が担ぎ出された」と述べる。換言すれば、それまでの理性に基づく政治は基本的には公共性を前提としていた。民主主義が自由な討議を前提とした、いわば外向きのアイデンティティを必要としていたのに対して、当時のドイツのアイデンティティはまさにこれと逆向きの内向きの方向性、つまりプライベートな方向に向いた形で構築されていたのである。そしてこの内向きのアイデンティティが圧倒的に頼る「魂」や「血」は、実際は虚構であり、そのためそこからは何も具体的なものは生み出されないのである（アーレント 一九八一、一七〇頁）。

同様にロマン主義を徹底的に批判したカール・シュミットは、ロマン主義の具体的な中身のなさについて言及している。多様なロマン主義の言説はすべて否定の形でしか成立していなかったのである。その結果、ロマン主義は必然的に非ロマン主義的な権力に取り込まれることとなる。

ロマン的なるものの全ては他のさまざまの非ロマン的なエネルギーに仕え、定義や決断に超然としているというその態度は一転して、他者の力、他者の決断に屈従的にかしずくことになるのである。（シュミット 二〇一二、一九七頁）

この理性の否定と感性・身体性への方向性はナチスの全般的な態度を確定させることとなる。そして、ナチスによる度重なる否定の連続と身体性の詭弁は、ドラッカーが指摘する第二の点につながる。すなわち、ナチスはその政治的な正統性の問題をまったく無視する、という点である。そこで重要となるのは、正統性がヨーロッパの政治哲学の伝統的な問題でありながら、ナチスの反理性的な姿勢によって完全に否定されたという点である。身体性の魔術は、王権神授説や社会契約論、ルソーの一般意志やヘーゲルの世界精神といった理性に基づき連綿と続くヨーロッパの伝統を打ち砕いた。換言すれば、ナチスは自由と平等という政治的正当性における最も重要な概念を「ユダヤ的自由主義」として完全に否定したのである（ドラッカー二〇〇七、二四六頁）。そしてナチスはまさにこの伝統の否定のうえで絶対的な民衆の支持を得て権力体制を築いた。

こうした説明のなかで、おそらく最も重要なのはドラッカーが目撃した三番目の点である。よく言われるナチスのプロパガンダの威力をドラッカーは否定し、次のように述べる。「ヒトラーが政権を奪取する前のドイツにおいて私の印象に最も強く残っているものは、最も狂信的な信奉者にさえ行きわたっていたナチズムの公約に対する不信であり、ナチズムの信条に対する無関心だった」。すなわち、ナチスの信奉者がそこで重要視したのは、ナチスの政策の整合性や信用性ではなかったのである。そしてドラッカーは驚くべきことに「大衆はヒトラーの公約の一つひとつが互いに矛盾することを知っていた」と言い放つ。逆に、ナチスの台頭はその政策の非整合性と不信が大きな要因となっていたと指摘するのである。

大衆がファシズム全体主義に傾倒するのは、その矛盾と不可能にもかかわらずではない。まさにその矛盾と不可能のゆえである。なぜならば、戻るべき過去への道は洪水で閉ざされ、前方には越えるすべの

ない絶望の壁が立ち塞がっているとき、そこから脱しうる方法は魔術と奇跡だけだからである。（ドラッカー 二〇〇七、二一頁）

この点は、カーも指摘している。カーは、「綱領製作者は、不可能なことを神に請い願うときのみ神から気に召されるようにふるまう」人であるというヒトラーの『わが闘争』の一節を引用しながら、その結果「不可能なゆえにそれを信ず」ということが「政治的思考の一つのカテゴリーとなる」と述べる（カー 二〇一一、一八五―一八六頁）。

ポスト・トゥルースと呼ばれる、ドナルド・トランプ大統領当選以降の現代において、ドラッカーやカーのナチス台頭についての歴史的著述は非常に大きな意味を持つと考えられる。すなわち、理性に基づく近代においては、嘘や欺瞞は必ず暴かれるものであり、それに従う大衆は理性が欠如した存在として仮定されてきたからである。換言すれば、こうした嘘や欺瞞に基づく政治は、人々の理性が戻って来れば必ず綻ぶのであり、そうした政治勢力が政権を維持することは不可能であると誰もが考えてきた。しかし、彼らが私たちに対して明らかにするのは、そうした嘘や欺瞞にまみれた政治勢力だからこそ人々は支持するという不可解な歴史的事実である。つまり、その状態を理性的と呼ぶかどうかは別として、嘘や欺瞞にまみれた政治を支持する人々は必ずしも騙されているわけではなかったのである。事実、驚くべきことに、ほとんどのナチス党員は「反ユダヤ主義を真面目に受け取っていなかった」という（ドラッカー 二〇〇七、一六頁）。

では、人々はなぜ嘘や欺瞞を見破りながらも、ナチスを支持するようになったのか。ドラッカーがその鍵となる言葉として理解するのが「絶望」と「魔術・奇跡」である。ドラッカーの『経済人の終わり』の第二章はまさにこの絶望の問題を取り上げ、正面から議論する。そこでは、第一次大戦によって西洋近代の重要な柱となってきた合理主義が疑問に付されたこと、それにもかかわらず人々は何らかの頼るものを求めるということ、その結果、内包する矛盾や欺瞞にもかかわらず、ナチスは圧倒的な人気を集めたという点が説明される。

第一次大戦を契機とした理性に対する信頼の喪失は、大衆に絶望をもたらした。そこで人間は毒ガスや爆弾などの「新しい魔物」たちを生み出し、解き放ったためである。

空中から毒ガスや爆弾、半永久的な失業、あるいは「四〇歳では歳をとりすぎ」なる新しい魔物たちは、まさに人間のつくったものであるからこそ、恐るべき脅威となった。昔の魔物は、地震や嵐など自然のものだった。だが新しい魔物たちは、逃れようのないことでは変わらないが自然のものではなかった。彼らを解き放つことのできるのは人間だけである。しかしひとたび解き放ってしまえば、もはや制御は不可能である。（ドラッカー 二〇〇七、六五頁）

人間を宗教や魔術の呪縛から解き放つものであったはずの理性が、いまや人々の命を奪うまさに「新しい魔物」として人々の前に登場した。ルソーの『社会契約論』やアドルノ・ホルクハイマーの『啓蒙の弁証法』を思い出させるようなドラッカーのこの議論は、全幅の信頼を置いていたはずの理性に人々が裏切られたことを強調する。その結果、人々は頼るものを失い絶望する。しかし問題は、単に人々が絶望したというだけではない。この絶望なるものは、次なる頼られるものを必要とするのだ。

大衆は混沌による絶望のように、意味の喪失による絶望にも耐えられない。〔……〕絶望の深みにある大衆にとって、理性は信じられず、真理は虚偽に違いなく、虚言こそ真理に違いない。〔……〕大衆がファシズムとナチズムに群がり、ムッソリーニとヒットラーに身を投じたのは、ファシズム全体主義が理性に反していたにもかかわらずでも、すべてを否定していたにもかかわらずでもない。まさに、それらが理性に反し、伝統を否定していたからである。（ドラッカー 二〇〇七、八一頁）

理性の権威の失墜は、大衆の絶望を生み出し、その絶望からの脱出こそが大衆の求めるものとなる。人間を自由と平等の存在とみることがヨーロッパの伝統であったとドラッカーは述べている。しかし、この自由と平等こそがヨーロッパの伝統としてナチスが否定しようとするものであり、このヨーロッパの伝統の否定こそが大衆が求めたものであった。ドラッカーはこの点に関して、ファシズム全体主義が自由と平等、権力の正当化を放棄したということ、そして大衆がその放棄を称賛したということは、「すくなくとも今日〔執筆当時〕のところ、ヨーロッパの伝統を維持しつつ問題を解決する方法は存在しないことを意味する」と述べている（ドラッカー 二〇〇七、一九頁）。

この反理性主義は同時に、ヨーロッパのブルジョア資本主義や社会主義への帰還が不可能であることを意味する。そしてこの空隙を埋めるのが魔術なのである。上記のように、ナチスは矛盾した政策を恥ずかしげもなく堂々と主張した。そして大衆はその矛盾に気づいていた。しかし、それでも大衆はナチスを圧倒的に支持する。まさに、その矛盾を包含した政策それ自身が大衆を魅了するナチスの魔術性を担保するものとなったのである。

この絶望からの脱出のための魔術性はカーも認めるところである。『危機の二十年』において彼は革命的な実践には「神話」が必要であることを述べている。そして当時の著名な神学者であるラインホールド・

ニーバーを援用しながら「もし宗教のもつ超理性的な願望とか情熱というものがないなら、どんな社会も絶望に打ち克って不可能なことを試みる勇気をもつことなどありえない」と述べる（カー 二〇一一、一八五頁）。この絶望の淵からの帰還には、理性を超える魔術が必要となるのである。

事実、戦場という不合理な場所で失われた兵士の命は常にロマン主義的に神格化される。それは洋の東西を問わない。ドラッカーは次のように述べている。

「英雄人」なるファシズム全体主義の概念の中核にあるものは、個々の人間の犠牲の正当化である。それは、まさに不合理に魔物たちを退治するための最古の呪術的概念である。〔……〕意味のない犠牲を供物へと昇華することによってのみ、戦闘の不合理は合理化することができる。（ドラッカー 二〇〇七、一七七頁）

こうしてドイツの国際政治における紛争は、「英雄人」による戦死の合理化によってドイツそれ自体のアイデンティティ構築の問題に大きな影響を与える。同時にこの理性の否定と身体性に基づくアイデンティティの形成プロセスは国際関係をさらに不安定化させる。

三　ドラッカーの国際関係

ナチス登場の大きな要因となった大衆の失望は、同時に国際的な広がりを持ったものでもあった。そこに典型的に見られたのは帝国主義の宗主国と植民地との対立である。

国際連盟、集団的安全保障、集団軍縮による戦争の追放は失敗せざるをえなかった。対立する利害に調和をもたらすという民主主義の信条を国際関係に適用してみても、もたらされたのは「国際的な」階級闘争の激化だけだった。折角の平和の維持も、特定の国に力を維持させるための隠れ蓑にすぎないことが明らかとなった。（ドラッカー 二〇〇七、六六頁）

この階級闘争は経済至上主義に対する否定という形をとった。ドラッカーは「ヨーロッパ文明の恩恵に対して植民地側が示した疑念は、経済発展に対する反抗となって現れていた」と言う（ドラッカー 二〇〇七、七一頁）。第一次大戦がもたらした理性に対する疑念は必然的に「経済発展」という概念、植民地主義が植民地にもたらすと約束されたもの、そのものの否定という形で顕在化したのである。そして、その経済的格差による階級闘争の激化は、ベルサイユの平和を揺り動かすものとされる。その結果、その平和自体が実は大国の利害が埋め込まれたベルサイユ体制という名の「平和」を維持するものであったことが暴露される。

このベルサイユ条約による平和の欺瞞は、Ｅ・Ｈ・カーも指摘するところである。『危機の二十年』の第五章で議論されているように、利益調和説に基づく平和は、それ自体支配者側が支持する議論である。

利益調和説は、当然、富裕特権階級が支持する仮説である。この階級に属する人々は、共同体において支配的な発言力をもち、したがって、もちろん共同体の利益と彼ら自身との利益を同一とみる傾向がある。これら二つの利益が同一視されると、支配集団の利益を攻撃する人はみな、全共同体の共通利益を攻撃しているのだという非難を浴びせられるのであり、しかもこうした攻撃をすれば、その攻撃者は自身のより高い次元の利益をも損なうことになるのだ、といわれるのである。（カー 二〇一一、一六六頁）

このようにカーは、利益調和説が、特権集団がその支配的地位を維持するために、「彼らみずからが大真面目につくりあげた巧妙な道義的装置」であることを明らかにする（カー 二〇一一、一六六頁）。そしてこの利益調和説という道義的装置は、「一〇〇年以上もの間、道義の合理的基盤」となっていた。そのため「個人は、共同体の利益が彼自身の利益でもあるという口実で、この共同体の利益に尽くすよう」強制される。その結果として起きる利益調和は「個人間の生存競争を前提とするものであり、しかもこの生存競争においては、敗者の利益のみならず敗者の存在そのものまでも現実の世界から完全に消されていった」のであり、このことは「すべての倫理体系」が、「力弱い仲間の犠牲の上に築かれて」いたことを明らかにする（カー 二〇一一、一〇九－一一〇頁）。

四　『経済人の終わり』の現代における意味

ドラッカーやカーの見た戦間期から第二次大戦にかけての国際関係は、結局のところヨーロッパの伝統としての理性とその体現者としての自由主義および社会主義の破綻という点から説明される。カーの暴いた大国による利益調和説の欺瞞はその典型である。しかし問題なのは、この欺瞞の提供する物語が真実であると広く信じられていたという事実である。そのため労働組合によるストライキなどは、大真面目に経済の繁栄を害し労働者自身の生活をも破壊すると批判された。この背景にあるのは商人や製造業者の圧倒的な権力である。この権力があったからこそ、まさに上記のような主張を多くの人々に真実であると信じ込ませることができたとカーは主張する（カー 二〇一一、一六八頁）。

しかしこの状況は、少なくとも国内においては労働者の地位の向上によって大きく変化する。イギリスにおいては、暗黙のうちに利益調和を否定する「社会貢献国家」を強要するまでに労働者は強くなる。つまりは商人や製造業者と労働者との権力関係が変化することによって、利益調和のロジックに支えられた自由放任主義は、より社会主義的な社会貢献国家論にその道義的優位性を奪われる。そこあるのは、流動的な権力構造である。

この権力関係の変化は、国際的な場面においても同様である。カーは「不満足国家」による戦争挑発を取り上げ、これが「平和にこそ共通利益があるとする満足国家の情緒的で不誠実な決まり文句に対する〔……〕「当然かつシニカルな抵抗の力」を表している」と述べている。この抵抗の力が大きくなった時に戦争勃発の危険性が高まるというわけである。そしてその結果が一九三八年のドイツへのチェコスロバキアのズデーテン地方の割譲であった。この問題についてカーは次のように述べている。

ブリアンが「平和は何ものにも優先する」と言明したとき、あるいはイーデン氏が「平和的手段で解決できない紛争はない」と公言したとき、これら陳腐な言葉の根底には、平和が維持される限りフランスやイギリスにとって不都合ないかなる変化も現状では起こりえないのだ、という考えが流れていた。一九三八年にフランスとイギリスは、彼ら自身かつて不満足国家の信用を落とすために使った、まさにあのスローガンによってわなに掛けられたのである。こうして、ドイツは（フランスやイギリスがそれまでそうであったように）大いに優勢を誇り、平和への願望をみずからに有利な形で利用できるようになっていたのである。（カー 二〇一一、一七三頁）

このようにカーは、権力関係の変化と既存の国際秩序との齟齬を指摘し、同時にナチスドイツに対して一定の評価を与える。事実カーは、旧態依然とした西洋中心の国際秩序に対するナチスの挑戦を好意的にさえ捉えていた（酒井 二〇〇七、三七頁）。権力関係の変化が国際秩序の変化をもたらすことによる、新たなより好ましい国際秩序の登場を期待していたのである。これに対し、ドラッカーはナチスドイツが内包する矛盾を指摘する。すなわちナチス自身が、「英雄人」となることと引き換えに犠牲になっていく若者たちを前提としている限りにおいて、その社会の継続的な存続が不可能であるという矛盾である（ドラッカー 二〇〇七、一七八頁）。

一人ひとりの人間が、死によって満足を得、何事かを達成できると考えるのであれば、そもそも社会に意味がなくなる。〔……〕新しい秩序を生み出そうとするファシズム全体主義の試みが失敗に終わるのは、この矛盾のためである。失業という魔物は退治した。戦争の合理性も明らかにした。しかし戦争の合理化は、社会そのものを無意味なものとしなければ成立しない。よって奇跡は不可能である。（ドラッカー 二〇〇七、一七八―一七九頁）

結論から言えば、このドラッカーの冷静な分析は、カーの願望に基づく国際秩序の変化という予測よりも正確な未来を提示していたと言える。実際、カーは『経済人の終わり』と同年に初版が発行された『危機の二十年』の第二版ではナチスに関連した部分を大きく削除する必要に迫られた。

このように、イギリスから国際情勢・ドイツを見ていたカーと、ドイツの中から国際情勢・ドイツを見ていたドラッカーというような対比を考えれば、上記のような違いが出てくることは必然であると言うこともできる。そして一九三九年以降の展開を見れば、少なくともその将来予測という点においてはドラッカーの

『経済人の終わり』に軍配が上がる。しかしながら、その後の国際関係という学問の展開を見れば、ドラッカーよりもカーの影響力の方が圧倒的に大きかった。戦後から冷戦期にかけての国際情勢、ドラッカー自身が言うように彼の分析が多分に社会学的であったこと、またドラッカー自身が経営学の方面に進んだということもその要因と言えるだろう。

しかし、近年世界各地で見られる内向きの政治を考えた時、ドラッカーの社会学的な分析は国際関係という学問に大きな貢献をすると考えられる。すなわち、戦後期から冷戦期に忘れられていた、ミクロな内側からの視点である。その意味でドラッカーの『経済人の終わり』は、現代のようなポスト・トゥルースの時代にこそ読まれるべき一冊と言えるであろう。

五　ドラッカーの経営学と『経済人の終わり』

では、最後にドラッカーがその後経営学に進んでいったのは何故なのかという点に触れておこう。ドラッカー自身はこの点について多くを語っていないが、『経済人の終わり』のまえがきに次のような一文がある。

本書は三〇年前の著作でありながら、今日でも広く読まれ引用されている。しかし私は、そろそろ本書の新版を刊行し、多くの読書人、特に最初の出版当時にはまだ生まれていなかった若い人たちの手に入りやすくしなければならないと考えた。〔……〕その後、私自身の関心は多様な分野へと広がっていった。例えば、政府機関、企業、労働組合、病院など、この多元社会における組織体の研究、それらの構造とマネジメントの研究、知識、学習、知覚の変化の予測と分析、この高学歴社会における教育ある若者にとっての機会、ニーズ、キャリアの研究だった。〔……〕本書は、あらゆる私の著作の中で、特に今日の若者にとって意味が深いはずである。本書は彼らの親の世代であるわれわれがすでに理解していることについて、知ってもらう手助けになるはずである。そして、彼らが人生と生活に破局を招き入れることのないようにするうえで、役に立つはずである。（ドラッカー 二〇〇七、二八一―二八二頁）

ここでは何度も繰り返される「若者」という言葉が印象に残る。ドラッカーがその人生の大半をつぎ込んだ組織論やマネジメント論などもまた若者に向けた研究として理解することができる。事実、春日賢は、ドラッカーの一連の著作は「社会的な成果としての自由の実現」に照準を合わせていたと指摘する（春日 二〇〇九、一一三頁）。そこでは社会と個人との関係性、すなわち社会における個人の位置付け、逆に個人にとっての社会の存在意義についてドラッカーが終始関心を寄せていたことが説明されている（春日 二〇〇九、一二二頁）。また宮内択智は、ドラッカーの著作がファシズムに対する抵抗の線上にあることを指摘している。そこではドラッカーの経営学についての多くの著作が、実はファシズムを克服するための新しい秩序の確立のためのものであったことが指摘されている。すなわち「「経済人」の社会は終焉を迎え、それに代わる「産業人」の支配原理によって構築される「自由な、機能する産業社会」の到来」の道筋を明らかにしようとしたのである（宮内 二〇一一、三八頁）。この新しい人間像はドラッカーの提唱する新たなマネジメント論のなかで活躍することとなる。それは、アプリオリに措定された目的ではなく、「何が正しい目的であるかを探る」ような人間像である（海老澤 二〇一〇、五六頁）。そしてその結果、ドラッカーの経営学の対象は企業だけではなく、社会や政治もその視点に入ってくる。このことから彼の取り扱う題材に政府やＮＧＯなどが入ってくるのである。こうした社会・政治への関心もまた、彼の一連の著作に見られる特徴として理解できる。実際、ドラッカーは、その初版が一九六八年に出版された『断絶の時代』の序文で次のように述べている。

一九四〇年代の初めにマネジメントの研究に着手したのは、ビジネスに関心があったからではなかった。今日でもそれほどの関心はない。しかし私は主として第二次大戦の経験から、自由な社会の実現のためにはマネジメントが必要であると確信するようになった。（ドラッカー 一九九九、v頁）

こうして幾度となく強調される自由へのこだわりは、若者としてナチス台頭期のドイツを過ごしたドラッカーの身体的な経験に基づくとも言えるだろう。

参考文献

アーレント、ハンナ　一九八一『全体主義の起源』大久保和郎・大島かおり訳、みすず書房。
海老澤栄一　二〇一〇「第二章　経営社会学の萌芽——資源の見直しを通して」『神奈川大学 Project Paper』一九号、三七—五八頁。
カー、E・H　二〇一一『危機の二十年——理想と現実』原彬久訳、岩波文庫、岩波書店。
シュミット、カール　二〇一二『政治的ロマン主義』大久保和郎訳、みすず書房。
春日賢　二〇〇九「ドラッカーの社会ビジョン——社会思想家としてのドラッカー」『北海学園大学経営論集』七巻三号、一二一—一三三頁。
酒井哲哉　二〇〇七『近代日本の国際秩序』岩波書店。

ドラッカー、ピーター　一九九九『断絶の時代　新版』上田惇生訳、ダイヤモンド社。

――二〇〇七『「経済人」の終わり』上田惇生訳、ダイヤモンド社。

宮内択智　二〇一一「マーケティングにおけるモダニティの変容」『成美大学紀要』一巻一号、三一―四五頁。

第Ⅱ部　カーの思考

第四章　もうひとつの「三人のカー」

――国際関係理論におけるE・H・カー論の系譜

佐藤史郎

一　観察者としての〈構え〉

観察者にとって、主義（ism）とは何か。明治の文豪・夏目漱石は、自然主義文学の意義を認めつつも、主義の概念を以下のように述べることで、同文学を批判した。

大抵のイズムとか主義とかいうものは無数の事実を几帳面な男が束にして頭の抽斗へ入れやすいように拵えてくれたものである。（夏目 一九八六、二一〇頁）

主義はいわば「吾人の知識欲を充たすための統一函」（夏目 一九八六、二一〇頁）にほかならない。であるからこそ漱石は、自然主義が文学における一つの主義にすぎないということを自然主義文学者は自覚すべきである、と指摘した。また、自然主義が「西洋に発展した歴史の断面を、輪廓にして舶載した品物である」

（夏目 一九八六、二一二頁）ということも自覚すべきだと指摘している。

ここで重要なのは、漱石の自然主義文学に対する批判が正しいかどうかではなく、また、反自然主義文学の方が優れているか否かでもない。一つの主義（統一函）を絶対視しないという、観察者としての〈構え〉が重要なのだ。

私たち国際関係論の学徒は、いくつかの主義のなかから一つの主義を選択し、そのフィルターを通じて、国際社会の出来事や現象を観察するきらいがある。国際関係論に大理論《グランド・セオリー》は存在しない。そのため、どの主義を選択するかどうかは、観察者の意識的／無意識的な選択に依存している。また、ある研究者がどのような主義に立っているのかを検討する際、その観察対象である研究者自身が自らの主義を語らないかぎりにおいて、主義の判断は観察者の意識的／無意識的な選択に強く依存する。したがって、問うべきは、どのような理由から一つの主義を選択・判断するのか、となろう。

そもそもとして、私たちはさまざまな思考をもって日常生活を送っている。あるときは現実的な思考となり、またあるときは理想的な思考となる。一人の研究者にもさまざまな思考がある。これは決して不思議なことではない。小林誠が指摘するように、「およそ完全なリアリストも完全なユートピアンも存在しないのであって、一人の研究者であってもさまざまな思考が混在するのはごく普通である」（小林 二〇一八、三一頁）。中江兆民の『三酔人経綸問答』に出てくる理想主義的な「洋学紳士君」、現実主義的な「豪傑君」、二人の会話を聞く中道の「南海先生」のうち、誰が中江兆民自身の思想を表現しているのだろうか。実は三人のそれぞれが中江兆民のもつ思想の一面を表現している（山田 二〇一四、一四二頁）。

本章は、このような主義と観察者の関係性を踏まえながら、「国際関係論におけるカー」を再検討していく。

二　「三人のカー」論への再訪

(一)「三人のカー」論

先述した「国際関係論におけるカー」というフレーズは、E・H・カーを三人に分類した山中仁美から拝借したものである。山中は①国際関係論におけるカー、②歴史研究におけるカー、③ソヴィエト・ロシア研究におけるカーというように、カーを「三人のカー」として分類した[1]（山中 二〇〇三）。はたして、どれが本物のカーなのか。関心を揺さぶる問いかけである。例えば、マイケル・コックスは「Will the real E. H. Carr please stand up?（本物のE・H・カー氏、どうぞご起立願いませんか?）」というタイトルで、ジョナサン・ハスラムの『誠実という悪徳――E・H・カー 一八九二―一九八二』（ハスラム 二〇〇七）に対する書評論文を執筆している（Cox 1999）。

山中は「三人のカー」を別々に捉えるのでなく、「一人のカー」として統合すべきと説く。「三人のカー」は「それぞれが無関係に孤立したのではなく、何らかの問題意識に貫かれて相互に関連性」があるからだ（山中 二〇〇三、一三九頁）。それゆえ、「「一人のカー」を貫く何らかの芯を見出す」（山中 二〇〇三、一四七頁）ことが求められているのである。

(二)もうひとつの「三人のカー」論

さらに山中は、「国際関係論におけるカー」について、これまで現実主義者と強固にラベリングされてきたカーに対する認識とその評価が、時代を経るにつれて多面的になったと指摘する。すなわち、カーは①古典的現実主義者ではないとの批判[2]、②現実主義者であると同時に理想主義者でもあるとの評価、③ポスト実証主義者であるとの評価である（山中 二〇〇三、一四〇─一四四頁）。すなわち、「三人のカー」論のなかにはもうひとつの「三人のカー」論が存在しているということだ。本章は、この古典的現実主義者・理想主義的現実主義者・ポスト実証主義者としてのカーを、〈もうひとつの「三人のカー」〉として捉えなおす。

　また、後述するように、カーを古典的現実主義者と評価する者であれ、理想主義的現実主義者と評価する者であれ、はたまたポスト実証主義者と評価する者であれ、カーの思考には現実主義的側面が備わっているとの共通の認識をもつ。異なるのは、何をもって現実主義的とみなすのか、その基準にすぎない。それゆえ〈もうひとつの「三人のカー」〉とは、〈現実主義者としての「三人のカー」〉とも言い換えることができよう。

　このような背景のもと本章の目的は、『危機の二十年』（カー 二〇一一）を中心に、①なぜカーは現実主義者として三人も存在しているのか、②どれが本物の現実主義者としてのカーなのかを検討する点にある。②の問いは、コックスになぞらえて言えば、「Will the real E. H. Carr *as a realist* please stand up?（現実主義者としての本物のE・H・カー氏、どうぞご起立願いませんか？）」となろう。この②を問うこと、それは現実主義とは何かを問うことにほかならない。

　なお、①の問いの回答は、「三人のカー」論を展開した山中が指摘しているように、「カーに対する評価が研究のおこなわれた時期や研究者の学問的な位置によって大きく異なっており、限定的かつ時代拘束的である点」（山中 二〇〇三、一四〇頁）が強く影響しているからとなろう。簡単に言えば、それぞれの観察者がそれぞれの時代のなかでカーを現実主義者とラベリングしたことから、〈現実主義者としての「三人のカー」〉が存在するに至ったとなる。しかしながら、それぞれの観察者は、それぞれの時代において、どのような基準をもってカーを現実主義者とみなしたのだろうか。また、現実主義者としての本物のカーは誰なのか。本章はこれらの問い、すなわち上記②の問いを主に検討することで、カー研究に少しでも貢献していきたい。

本章はまず、『危機の二十年』における現実主義と理想主義の概念を確認することから始める。次に、〈現実主義者としての「三人のカー」〉について、それぞれの評価と批判をみていく。最後に、〈現実主義者としての「三人のカー」〉のうち真のカーはどれなのか、現実主義者とみなすそれぞれの観察者の基準を踏まえたうえで検討を試みるとともに、その意味合いを考察する。

三　『危機の二十年』における現実主義と理想主義

それでは『危機の二十年』をもとに、カーが現実主義と理想主義をどのように認識していたのかを簡単にみておきたい。なお、理想主義は英語で idealism であるが、『危機の二十年』の原著では utopianism が用いられている。すなわち「空想主義」である。理想主義と空想主義は大きく異なるが、カーは idealism ではなくあえて utopianism を用いることで現実性の欠如を強調しており、加えて、カーは utopianism のなかに idealism を内包して議論を展開していることから、utopianism と idealism を明確に区別する必要はない（原二〇一一、五二一頁）。したがって、utopianism を現実主義の反語である理想主義と訳しても差し支えはないであろう。

（一）現実主義と理想主義の対立関係

まず、カーが批判の目を鋭く向ける理想主義からみていこう。カーにとって、理想主義は目的を重視しすぎるあまり、手段を軽視するきらいがある。理想主義は「何が存在すべきかの考察に深入りして、何が存在したか何が存在するかを無視する傾向」があるという（カー 二〇一一、四〇頁）。また、「目的達成のための観念的な計画を練りあげることに全力を尽く」し、「現に存在する「事実」とか原因・結果の分析にはほとんど注意を払わない」（カー 二〇一一、三〇頁）。そして、観念に基づく「計画が実現不可能になり、願望ないし目的だけでは望ましい結果を得ることができないと分かったとき、研究者は初めてしぶしぶながらも分析の力に頼ることになる」（カー 二〇一一、三〇頁）。

これに対して現実主義は、手段を重視するあまり、目的を軽視する傾向があるとカーは考える。現実主義は、「何が存在したか何が存在するかということから、何が存在すべきかを導き出す傾向」があるという（カー 二〇一一、四〇頁）。「思考の分野」において、「目的の役割を軽視しがちであ」り、「それ自体影響を与えることも変えることもできない一連の事象を研究することなのだ、と陰に陽に主張」する（カー 二〇一一、三九頁）。現実主義は「事実の容認および事実の原因・結果の分析に重きを置く」のだ（カー 二〇一一、三八頁）。「行動の分野」では、「現存する諸力の抗し難い力と現存する諸傾向の必然性を強調しがち」となり、「最高の英知はこれら諸力および諸傾向を受容し、これらにみずからを適応させることにある」と主張する（カー 二〇一一、三九頁）。これに対してカーは、上記の客観的にみえる思考は「思考を不毛にし行動を否定するという結果をもたらすだろう」と指摘する（カー 二〇一一、三九頁）。

このように、カーにとって現実主義と理想主義は対立関係にある。カーは二項対立の図式を前提に、自由意思と決定論、理論と現実、知識人と官僚、左派と右派、倫理と政治の関係もそれぞれ『危機の二十年』で述べている。

(二) 現実主義と理想主義の補完関係

しかしながら、カーの主眼は、現実主義と理想主義が対立関係にあるということではなく、補完関係にある両者を統合して思考しなければならないと主張している点にある。現実主義は理想主義の「行き過ぎ是正の手段として必要とされる時代」がある。だが、他の時代においては、理想主義が現実主義の「不毛性に対抗するため呼び出される」必要があるという（カー 二〇一一、三九頁）。そのため、「健全な政治思考および健全な政治生活」には現実主義と理想主義を統合しなければならない（カー 二〇一一、三九頁）。カーは言う。

未成熟な思考は、すぐれて目的的でありユートピア的である。とはいえ、目的を全く拒む思考は老人の思考である。成熟した思考は、目的と観察・分析を合わせもつ。（カー 二〇一一、三九頁）

ジョーンズはこの「未成熟な思考」が理想主義、「老人の思考」はカー自身の見解もしくは現実主義、「成熟した思考」は現実主義もしくはカー自身の見解に該当すると述べている（Jones 1998, p. 56）。そのうえで、ジョーンズは「未成熟な思考」が「正」、「老人の思考」は「反」、「成熟した思考」については「合」という役割をそれぞれ担っていることから、カーの思考が弁証法に基づいていると指摘する（Jones 1998, p. 56）。実際、カーは次のように主張している。

今日のユートピアをリアリズムの武器でもって粉砕した暁には、われわれはさらにみずからの新しいユートピアを築く必要がある。もっとも、この新しいユートピアも、いつかは同じリアリズムの武器によって倒されるであろう。（カー 二〇一一、一九〇頁）

表１　〈現実主義者としての「三人のカー」〉のイメージ図

現実主義者の種類	現実主義と理想主義の関係	観察者が注目する点
古典的現実主義者	対立関係	理想主義への批判
理想主義的現実主義者	補完関係	思考方法の重要性
ポスト実証主義的現実主義者		イデオロギーなどの暴露

以上のように、「健全な政治思考および健全な政治生活」のためには、現実主義と理想主義の補完関係を踏まえたうえで、二つの主義を統合させるべきとカーが説いていることがわかる。

ここで、確認しておかなければならない点がある。カーは、すでに述べたように、目的を重視する一方で手段を軽視するという理想主義の思考を批判することに、現実主義の重要な役割があると指摘した。もう一つ、現実主義には重要な役割がある。それは「ユートピアニズムの仮面をはぐのに必要不可欠の役割を演ずる」というものだ（カー 二〇一一、一九〇頁）。カーは、一九世紀の自由放任主義が行き詰ったとみるとともに、個人の利益の追求が共同体の利益の増大につながり、また、共同体の利益の追求が個人の利益の増大にもつながるという「利益調和説」を批判した。理想主義者が普遍的に唱える利益調和説は、現状において「みずからの優位を守ろうとする支配集団のイデオロギー」にほかならず（カー 二〇一一、一〇一頁）、「アフリカ人やアジア人を生贄にして成立」している（カー 二〇一一、一〇九頁）。理想主義者が語る普遍性には権力が内在しているのだ。これを暴くのが現実主義の担う重要な役割であるとカーは指摘する。この点に注目すれば、カーの現実主義にはポスト実証主義の思考がみてとれる。したがって、ティム・ダンが指摘するように、国際関係理論における現実主義と、理想主義を批判するための「武器」としての現実主義を区別して、私たちは『危機の二十年』を読まなければならない（Dunne 2000, p. 224）。

以上のように、『危機の二十年』のなかで現実主義と理想主義の対立関係を述べた箇所を切り取れば、カーは理想主義を批判した古典的現実主義者となる（もちろん、この読み方は誤りである）。しかし、現実主義者と理想主義の思考方法における補完関係を説く記述に目を向ければ、カーは理想主義的現実主義者となる。そして、現実主義者と理想主義の補完関係を踏まえたうえで、現状のイデオロギーや欺瞞などを暴露しなければならないという記述に着目すれば、カーはポスト実証主義的現実主義者となる（表1参照）。この〈現実主義者としての「三人のカー」〉のうち、どのカーを選択するかどうかは観察者の意識的／無意識的な選択に依存している。

四　現実主義者としての「三人のカー」

それでは、〈現実主義者としての「三人のカー」〉について、もう少し詳しくみていこう。

（一）古典的現実主義者としてのカー

まず、古典的現実主義者としてのカーである。例えば、マーティン・ワイトはカーを「傑出した現実主義」者とみなす（ワイト 二〇〇七、二〇頁）。カーは現実主義と理想主義という二分法に基づき、権力を重視する一方で道義を軽視しており、「現実は権力であるが、道義はユートピアすなわちどこにも存在しない」と考えているからである（ワイト 二〇〇七、二〇頁）。ヘドリー・ブルによれば、カー、ジョージ・F・ケナン、ハンス・J・モーゲンソーといった現実主義者は「粗雑で古くさい」（ブル 二〇〇七、三九六頁）とワイトは考えていた。ただ、ワイトの眼目はカーを現実主義者としてラベリングすることではなく、現実主義者を批判するために「三つのR」という概念、すなわちRealism（現実主義）・Rationalism（合理主義）・Revolutionism（革命主義）の概念の重要性を示すことにあったと言える（ブル 二〇〇七、三九六頁）。ブル自身は、『危機の二十年』には共通の利益と価値をもつ諸国家で構成される「国際社会（international society）」という概念がないと不満を述べている（Bull 1969, p. 638）。

そのほか、カーは現実主義ではないという古典的現実主義者からの指摘がある。モーゲンソーは、カーを高く評価しつつも、「政治的な情勢を概説し、権力の現象を認識するための超越的な視点を全く持ち合わせていない」と指摘する（Morgenthau 1948, p. 134）。また、新現実主義者のジョン・J・ミアシャイマーは、カーの真の目的が現実主義の理論に磨きをかけることではなく、戦間期の理想主義を批判し突き崩すことにあったという点を理解しつつも、①なぜ国家はパワーを求めるのか、②国家はどの程度パワーを求めるのかについて、綿密に考察していないと指摘する[3]（Mearsheimer 2005, p. 141）。

（二）理想主義的現実主義者としてのカー

次に、理想主義的現実主義者としてのカーである。そもそも、思想という点で、現実主義と理想主義を二項対立の図式で捉える必要はない。にもかかわらず、二分法で捉えてしまうのはなぜか。その理由の一つは、クインシー・ライトが指摘するように、現実主義と理想主義という用語はともにプロパガンダの性格をもっているからであろう。私たちは自らが好む政策を「現実的」と称し、敵対する相手の政策を「理想的」とみなしがちである。現実主義をプラスなイメージとして、逆に、理想主義をマイナスなイメージとして、両者を二項対立的に考えてしまう（Wright 1952, p. 120）。また、もし現実主義と理想主義の二分法を否定しようと試みるのであれば、両者の統合もしくは中庸としての「現実的理想主義（realistic idealism）」あるいは「理想主義的現実主義（idealistic realism）」という概念が当然出てこよう（Wright 1952, p. 128）。

上記のことは、カーがいかなる主義に立っているのかを考える際にも当てはまる。例えば、ケン・ブースはカーをポスト実証主義的な思考をもつ「理想主義的現実主義（utopian realism）」とみなす。カーは『危機の二十年』で「政治学は、何が存在するかについての学問であるのみならず、何が存在すべきかについての学問でもある」（カー 二〇一一、二九頁）、「およそ政治というものは、決して一致することのない二つの面にそれぞれ属している二つの要素、すなわちユートピアとリアリティから成っている」（カー 二〇一一、一九〇―一九一頁）と述べていること、また国際政治はパワーだけでは説明できないこと、国境を越えた共同体が広がりつつあることなどを指摘しているため、カーは単純な現実主義者ではなくポスト実証主義的な理想主義的現実主義者であると強調している（Booth 1991, p. 531）。

また、ポール・ホウェもカーが「理想主義的現実主義（utopian realism）」の思考をもつと指摘する。ただし、カーの思想はこんにちの批判理論に近いものがあり（Howe 1994, p. 279）、また国際政治の漸進的な変容を説く「歴史的現実主義（historical realism）」であるとも述べている（Howe 1994, p. 288）。したがって、ホウェはカーを理想主義的現実主義者というよりも、むしろ次に触れるポスト実証主義者として捉えていると言えよう。

現実主義と理想主義を二分法で考えることが間違いであるという論理があれば、それに対する批判として、現実主義と理想主義を同時に考えることは相対主義もしくは折衷主義にすぎないという論理も当然のように出てこよう。モーゲンソーは、理想主義的現実主義の思考をもつカーは「相対主義（relativism）」であると批判した（Morgenthau 1948）。ただし、すでに述べたように、モーゲンソーの主眼はカーが「政治的な情勢を概説し、権力の現象を認識するための超越的な視点を全く持ち合わせていない」という点を批判することにある（Morgenthau 1948, p. 134）。

(三)ポスト実証主義的現実主義者としてのカー

最後に、ポスト実証主義的現実主義者としてのカーである。ここでの現実主義者とは「ユートピアニズムの仮面をはぐのに必要不可欠の役割を演ずる」というものであり(カー 二〇一一、一九〇頁)、その思考方法は弁証法に基づく。カーによれば、利益調和説と国際連盟の重要性を主張すること、それは第一次世界大戦の勝利国の優位な立場を維持・強化することにほかならない。この点に着目する観察者は、カーをポスト実証主義的現実主義者とみなす。

また、カーをポスト実証主義的現実主義者として捉える観察者は、『危機の二十年』はもちろんのこと、『ナショナリズムの発展』といった他の著作も重点的に取り上げて、カーのポスト実証主義的な考えに注目する。例えば、『ナショナリズムの発展』において、カーは次のように主張する。

> 将来のいかなる国際秩序も、これを背後から動かす力は、国民的類縁関係や忠誠義務にかかわりなく個々の人間の価値と、人間の福祉を増進する共通かつ相互の義務とに対立する信念――それがどう表現されようとも――でなければならない。(カー 二〇〇六、六六頁)
>
> 国際的権威を首肯しうるものとする窮極の条件は、第一に、それが効果的にまた妥当かつ公正に秩序を維持すること、第二に、それの維持する秩序が広く行きわたった社会福祉を助長し保護するものたることである。このように考えてくるならば、いやしくも国際秩序のよって立つ共通の原則と目標はいったい何であるかをわれわれは検討してみなくてはならない。(カー 二〇〇六、八八頁)

例えば、アンドリュー・リンクレーターは『ナショナリズムの発展』を読み解き、カーが近代国家の変容と新たな政治共同体形成の可能性を述べていると指摘する（Linklater 1997）。たしかに、カーは「全体主義や戦争といった近代の闇の部分」を強調している一方で、政治共同体の新たな諸形式や国際関係論における新たな諸原則を発展させるのに十分な「道義的および文化的資本」を近代の諸社会が蓄積しつつあることも指摘している、とリンクレーターは主張する（Linklater 1997, p. 338）。

そのほか、ピーター・ウィルソンはカーを「革命主義的な現実主義者（revolutionist's realist）」と呼ぶ（Wilson 2000）。ウィルソンによれば、カーはパワーの要素を無視しないという意味で現実主義者であるが、モーゲンソーといった古典的現実主義者やケネス・ウォルツといった新現実主義者とは異なる。そして、現実主義者であると同時に、（マルクス主義者ではないが）マルクスのイデオロギーの概念を用いたり、（ディヴィット・ミトラニーの影響を受けて）機能主義の要素を持ち合わせていたり、また物質主義の思考をもつことから、カーは革命主義的であると指摘する（Wilson 2000, pp. 6–9）。

ここで注意しなければならないのは、カーがマルクス主義的な思考をもっていたものの、彼は決してマルクス主義者ではなかったという点である。たしかに、マルクスとカーは進歩史観をもつという共通点をもつ。しかし、ホウェが指摘しているように、マルクスが歴史の決定論者であったのに対して、カーは人間の意志によって歴史は動くと考えていた（Howe 1994, p. 284）。また、ハスラムは、カーがマルクス主義ではなく、「人間の思考と行動の裏に隠された動機を暴き、往々にしてその周囲に粉飾される論理的且つ倫理的な見せかけの正体を暴く方法として、マルクス主義に関心を持った」（ハスラム 二〇〇七、八五頁）と指摘している。カーは「弱者への配慮に基づいた、リベラルなラディカリズム、またはラディカルなリベラリズムであった」（ハスラム 二〇〇七、一一〇頁）。

五　Will the real E. H. Carr as *a realist* please stand up?

これまでみてきた古典的現実主義者・理想主義的現実主義者・ポスト実証主義的現実主義者という〈現実主義者としての「三人のカー」〉のうち、どれが本物のカーなのか。まず、すでに述べたように、カーは理想主義を否定する古典的現実主義者ではない。現実主義だけでなく理想主義をも重視するのがカーである。カーを古典的現実主義者と捉えることは誤認と言えよう。ただし、観察者が理想主義を批判した部分を切り取るかぎり、古典的現実主義者のカーというイマージュは残り続けることになる。

では、カーは理想主義的現実主義者とポスト実証主義的現実主義者のどちらなのであろうか。その回答は、いずれも本物のカーである、となる。観察者が現実主義と理想主義の思考レベルにおける補完関係に着目すればカーは理想主義的現実主義者となり、現状のイデオロギーや欺瞞などの暴露の重要性などに注目すればポスト実証主義的現実主義者となる。どれが現実主義者としての真のカーなのかという判断は、その観察対象であるカー自身が自らの主義を語らないかぎりにおいて、観察者の意識的／無意識的な選択に強く依存するのだ。

最後に、〈現実主義者としての「三人のカー」〉にはどのような意味合いがあるのだろうか。カーが説いたこと、それは現実とは何かを常に問い続けることの重要性だったのではないだろうか。西村邦行は「カーが取り組んでいた理想主義と現実主義との緊張は、既存の現実に対する受容的な態度とその構造的な誤りに対する異議申し立てとの相克であって、そこで問題になっていたのは、現実そのものの定義だったからである」（西村 二〇一二、一七二頁）と指摘している。また、カーは主義の分類に基づいて思考をおこなうことに批判的であり、省察（reflection）を継続することの重要性を説いていたのではないだろうか。[4]もちろん、省察の対象とその中心的な問いかけとは、現実とは何か、である。

観察者がカーによる言説のどの部分を切り取るかによって、〈現実主義者としての「三人のカー」〉は存在し続ける。国際関係論の学徒は、国際関係理論におけるＥ・Ｈ・カー論の系譜を辿ることで、現実とは何か、現実主義者とは何かについて、あらためて考えさせられることになろう。ここに、決して色褪せることのないカーの知的魅力がある。

注

（1）ピーター・ウィルソンは「現実主義者のカー」、「ソヴィエトのカー」、「歴史哲学者のカー」として、カーを三人に分類している（Wilson 2001）。

（2）これに関連するもう一つの批判として、カー自身が理想主義者とラベリングした人たちは理想主義者ではない、というものがある（ウィルソン 二〇〇〇）。

（3）そのほか、ミアシャイマーは、カーを理想主義も重視した現実主義者であったとも指摘している（Mearsheimer 2005, p. 143）。

（4）この点は山中仁美からコメントをいただいた（「第三回カー出版企画会議」、二〇一二年一二月一六日、お茶の水女子大学）。

参考文献

ウィルソン、ピーター　二〇〇〇「序論——危機の二〇年と国際関係における「理想主義」の範疇」、デーヴィッド・ロング、ピーター・ウィルソン編『危機の二十年と思想家たち――戦間期理想主義の再評価』宮本盛太郎・関静雄監訳、ミネルヴァ書房、一―二九頁。
カー、Ｅ・Ｈ　二〇〇六『ナショナリズムの発展』大窪愿二訳、みすず書房。
――　二〇一一『危機の二十年――理想と現実』原彬久訳、岩波文庫、岩波書店。
小林誠　二〇一八「パワー・ポリティクスという示準特性の崩壊――国際政治学の最終的勝利と死滅」、葛谷彩・芝崎厚士編『「国際政治学」は終わったのか』ナカニシヤ出版、二三―四一頁。
夏目漱石　一九八六「イズムの功過」、三好行雄編『漱石文明論集』岩波文庫、岩波書店、二〇九―二一三頁。
西村邦行　二〇一二『国際政治学の誕生――Ｅ・Ｈ・カーと近代の隘路』昭和堂。
ハスラム、ジョナサン　二〇〇七『誠実という悪徳――Ｅ・Ｈ・カー　一八九二―一九八二』角田史幸・川口良・中島理暁訳、現代思潮新社。
原彬久　二〇一一「訳者解説――『危機の二十年』を読み解くために」、Ｅ・Ｈ・カー『危機の二十年――理想と現実』原彬久訳、岩波文庫、岩波書店、五〇三―五四〇頁。
ブル、ヘドリー　二〇〇七「マーティン・ワイトと国際関係理論」、マーティン・ワイト『国際理論――三つの伝統』佐藤誠・安藤次男・龍澤邦彦・大中真・佐藤千鶴子訳、日本経済評論社、三九五―四一三頁。
山田博雄　二〇一四「解説 中江兆民――未来を批判した哲学者」、中江兆民『三酔人経綸問答』鶴ヶ谷真一訳、光文社、一三五―一九一頁。
山中仁美　二〇〇三「「Ｅ・Ｈ・カー研究」の現今の状況をめぐって」『国際関係学研究』二九号、一三九―一四七頁。
ワイト、マーティン　二〇〇七『国際理論――三つの伝統』佐藤誠・安藤次男・龍澤邦彦・大中真・佐藤千鶴子訳、日本経済評論社。

Booth, Ken　1991 “Security in Anarchy: Utopian Realism in Theory and Practice”, *International Affairs,* 67(3): 527–545.

Bull, Hedley　1969 “The Twenty Years’ Crisis Thirty Years On”, *International Journal,* 24, pp. 625–638.

Cox, Michael　1999 “Will the Real E. H. Carr Please Stand Up?”, *International Affairs,* 75(3), pp. 643–653.

Dunne, Tim　2000 “Theories as Weapons: E. H. Carr and International Relations”, in Michael Cox (ed.), *E. H. Carr: A Critical Appraisal*, Palgrave, pp. 217–233.

Howe, Paul　1994 “The Utopian Realism of E. H. Carr”, *Review of International Studies,* 20(3), pp. 277–297.

Jones, Charles　1998 *E. H. Carr and International Relations: A Duty to Lie*, Cambridge: Cambridge University Press.

Linklater, Andrew　1997 ‘The Transformation of Political Community: E. H. Carr, Critical Theory and International Relations’, *Review of International Studies,* 23, pp. 321–338.

Mearsheimer, John　2005 “E. H. Carr vs. Idealism: The Battle Rages On”, *International Relations,* 19(2), pp. 139–152.

Morgenthau, Hans J.　1948 “The Political Science of E. H. Carr”, *World Politics,* 1(1), pp. 127–134.

Wilson, Peter　2000 “E. H. Carr: The Revolutionist’s Realist”, *The Global Site*, First Press.

――――　2001 “Radicalism for a Conservative Purpose: The Peculiar Realism of E. H. Carr”, *Millennium,* 30(1), pp. 123–136.

Wright, Quincy　1952 “Realism and Idealism in International Relations”, *World Politics,* 5(1), pp. 116–128.

第五章　ソ連史研究者としてのE・H・カー

瀧口順也

一　はじめに[1]

一九九〇年代の終盤から現在にかけて、世界的な規模でのE・H・カーの思想や研究に関する再検討が続いている。しかし、『危機の二十年』を中心とした国際関係論者としてのカーや、『歴史とは何か』をもとに歴史哲学を論じるカーを対象とする考察が次々に公刊される一方で、ソ連史研究者としてのカーの問題意識やソ連史研究を通じて示された彼の大局的な歴史観を再検討する作業は限定的にしか行われていない[2]。この相対的関心の低さの理由の一端を、一九九一年のソ連解体に見出すことは可能だろう。ソ連解体の直後から、カーのソ連史研究を過去の遺物としたり、ソ連の公式見解を擁護していたに過ぎないとする批判が示されてきた[3]。例えば、スターリニズムを「一つの文明」と定義することでソ連史研究に新たな視座を導入し、論争を引き起こしたスティーヴン・コトキンは、カーの研究を「親ソ的」な「スターリニスト言説の修正版」とする辛辣な姿勢を示した[4]（Kotkin 1997, p. 376）。また、近年では、かつては参照することができなかった膨大な量のアーカイヴ史料が閲覧可能となり、ソ連史研究は多岐に渡る側面で飛躍的な進展をみせ、カーの提起したソ連史像にさまざまな形で批判と修正が投げかけられている。[5]しかし、多少の修正を要求することはあっても、カーが示した包括的な初期ソ連史像はその価値を損なっていない、とする溪内謙の二〇〇〇年の指摘は現在でも妥当と言える（溪内 二〇〇〇、二九九－三〇六頁）。塩川伸明も、「ポスト社会主義」の時代においても、カーのソ連史研究は重要な論争対象かつ「現代史研究の最高峰の一つ」であり続けていると論じている（塩川 二〇二〇、二六五頁）。くわえて、カーのソ連史研究の中心的な課題のひとつだった、ロシア革命とソ連を世界史的な枠組みのなかで捉える問題意識は、冷戦終焉以降にソ連史がより広域のユーラシア史研究のなかに位置付け直され、非ヨーロッパ世界（中東、コーカサス、中央アジアなど）へと研究の射程が広がるなかで、先駆的研究として再度評価されている（山内 二〇〇九）。多民族国家としてのソ連の経験と、その先駆性に早くから目を向けていたカーの問題意識は、二一世紀の国際政治のなかで表出する複雑な問題群を考察するうえでも重要な視座を提供している。

近年におけるカーの再検討を牽引する一人だった山中仁美（山中 二〇一七）は、多岐に渡る分野で数多くの著書を残したカーを統合的に論じることをこころみるなかで、カーが『ソヴィエト・ロシア史（*A History of Soviet Russia*）』に着手するまでの経緯、ソ連観の変化、初期ソ連史を分析する目的などを綿密な考察に基づいて論じている。しかし、国際関係論を専門とする彼女の著書も、『ソヴィエト・ロシア史』のなかで提起された議論そのものを対象とはしておらず、カーのソ連観も『ソヴィエト・ロシア史』の完成後に公刊された一般読者層を対象とした簡約版（Carr 1979）に沿って議論を展開している。その意味では、『ソヴィエト・ロシア史』に沿いながらカーの大局的なソ連観を再度検討する作業は、国際関係論者とソ連史研究者の間に横たわる溝を架橋する意義をもつと言えるだろう。

また、『歴史とは何か』の現代的意義が再検討されるなかで、カーの歴史哲学の見直しも進められている(Cannadine ed. 2002; Evans 2001; 西村 二〇一五)。確かに、『歴史とは何か』のなかの、歴史とは「現在と過去との間の尽きることを知らぬ対話」であるというテーゼは、歴史学を論じる際に最も頻繁に引用される一説である(Carr 1961, p. 24/邦訳 四〇頁)。しかし、『歴史とは何か』のもととなる講演が、どのような文脈で行われたのかに着目すると、この一説も異なる視座を提供するものとなる。『歴史とは何か』と題された講演(一九六一年一月~三月)がケンブリッジ大学で行われたのは、『ソヴィエト・ロシア史』の執筆と刊行が進む過程でのことだった。それは、『ソヴィエト・ロシア史』の第三シリーズ『一国社会主義　一九二四―一九二六』の第二巻出版(Carr 1959)から第三巻(二分冊)出版(Carr 1964a; Carr 1964b)までの時期にあたる。『一国社会主義　一九二四―一九二六』シリーズは、『ソヴィエト・ロシア史』の「主題の核心」(Carr 1958, p. v/邦訳 一頁)となる、ロシア革命によって誕生した政権による国家・社会創設の動きが本格的に胎動し始めた時期の考察にあてられていた。『歴史とは何か』が頻繁にソ連の事例に言及するのはこのような文脈を抜きに考えることはできないし、後述するように、『ソヴィエト・ロシア史』もまた『歴史とは何か』で示された、「現在と過去との対話」を通じて、現在や未来への教訓を導き出すことが歴史家の役割であるとするカーの立場を実践的に示した場なのであった。

この章は、挑戦的著作でありながらも古典として屹立するカーの『ソヴィエト・ロシア史』を中心に、その他のソ連を扱う著作、また彼の回想やインタヴューを手掛かりにして、なぜカーが戦後に初期ソ連史研究に没頭するようになったのか、またソ連史に取り組むことで何を提起しようとしたのかという問いに迫る。しかし、全一〇巻一四分冊の『ソヴィエト・ロシア史』を含むソ連を論じた著作の内容を仔細に検討するのは、ひとつの論文には困難な作業である。そのため、本章は『ソヴィエト・ロシア史』で採用された歴史叙述の枠組みとしての「時期区分」と、カーの「歴史上の転換点」という認識に焦点を合わせることで、上記の問いへアプローチする。カーによる歴史における転換点や断絶／連続性に関する議論は必ずしも一貫しているとは言えないが、彼の歴史研究にとって重要な概念だったことに疑問の余地はない。そして、これらの概念は、カーが初期ソ連史の考察を通じて描こうとしたソ連の歴史的意義と大局的な見地からの二〇世紀論に深く関連しているのである。

二　『ソヴィエト・ロシア史』執筆までの経緯

第二次世界大戦の終結後、カーはそれまでの仕事の中心だった国際政治やジャーナリズムからは距離をおき、初期ソ連史研究に沈潜するようになった。一九五〇年から『ソヴィエト・ロシア史』の刊行が始まり――『ボリシェヴィキ革命』シリーズ第一巻（Carr 1950）――、『計画経済の基礎』の最終巻（Carr 1978）の出版によってプロジェクトが完結するのは一九七八年のことである。カーの描く初期ソ連史の具体的な検討に入る前に、第二次世界大戦の終結時までは、外交官・ジャーナリスト・国際関係論者として活動していた彼が、ロシア革命後のソ連に関する研究に着手するに至った経緯を整理しておきたい(6)。

（一）一九四五年まで

『ソヴィエト・ロシア史』の最終巻を書き終えた直後のインタヴューで、カーはソヴィエト・ロシアに惹きつけられた理由を、自身が育ったヴィクトリア時代のイギリスに代表される西洋的世界と「大きく異なる」ロシアの「別世界性」への関心に起因すると答えていた（THES 1978）。また、このインタヴューの数年後に執筆されたとされる「自伝的覚書」では、時系列に沿いながらソ連への関心の高まりを述べている(Carr 2000)[7]。まず、一九一七年のロシア革命直後からソ連に対して強い関心を抱いていたが、それに対する評価は彼のなかで揺れ動いていたと回顧する。その後、一九二五年からリガに駐在し、外交官としてソ連を観察する職務を担うようになった。ロシア語の学習を始めたのも同時期であり、一九二七年には一週間程度だったが初めてモスクワに滞在した。しかし、この時期は、外交官や特派員としてソ連に関する解説を新聞紙上で披瀝しながらも、より大きな関心は一九世紀のロシア知識人やマルクス主義者らに向けられていた。一九三一年にはドストエフスキー伝、一九三三年にアレクサンドル・ゲルツェンの評伝『浪漫的亡命者たち』、一九三四年にマルクス伝、一九三七年にはバクーニン伝を出版した。この間、一九三六年にウェールズ大学に着任し、一九三九年には『危機の二十年』の初版が出版されている[8]。一九世紀のロシア知識人やマルクスの伝記を著したのは、絶え間なく拡大するブルジョア資本主義への挑戦と抵抗の可能性を彼らのなかに見出したからだと説明している(Carr 2000, pp. xvi–xvii／邦訳 五五頁)。このレッセフェールへの抵抗者に対する関心は、後に彼をソ連史研究へと駆り立てる動機ともなる。

R・W・デイヴィスは、カーによるソ連に関する初めての論説は、一九二九年に『クリスチャン・サイエンス・モニター』に掲載された記事だと指摘する。そこでは、「良いコミュニスト」を生み出すための極度に政治的な装置だと認めながらも、識字率の上昇を導くなどの教育面におけるソヴィエト政権の功績を高く評価していた。他方で、一九三〇年代に入るまでは、教育以外の分野においてソ連を特別に評価していたわけではないようだ(Davies 2000, pp. 95–96)。それが一九三〇年代に入ると、同時代の観察者として、恐慌に苦しむ資本主義諸国を横目に工業化と産業化を邁進するソ連の政治と社会に対しても強い興味を抱き始めた。また、農業集団化、急速な工業化、スポーツ団体など、ソ連で実践されている多くの施策に高い評価を与えるようになった。しかし、ここでも盲目的な賛同者に転向したわけではなく、一九三〇年代のソ連が抱えた飢饉やクラーク弾圧などの問題にも敏感に反応し、警鐘を鳴らしもしていた（Davies 2000; 山中二〇一七、一四五―一四六頁）。そして、一九三六年に始まる「大テロル」のニュースと一九三七年の一ヶ月弱に及ぶソ連再訪問の経験は、当時のカーのソ連観に大きな影響を与えた。後の回想では、この時期にはソ連に対して「幻滅と反動」を覚え、「敵意」さえ抱くようになったと記している（Carr 2000, p. xviii／邦訳 五七頁）。一九三七年七月五日に『タイムズ』に掲載された特派員報告では、ソ連の統治体制とは「おそらく適切な表現ではないが、習慣的には「東方的」と呼ばれる独裁の一種」であるとすら述べている（Times 1937）。また、一九四〇年九月と一〇月にマックス・イーストマンの著作（*Stalin's Russia and Crisis in Socialism*）について異なる媒体で二つの書評を掲載しているが、そこでは、ソ連とナチ党統治下のドイツの類似性を強調し（IARS 1940, p. 136）、スターリンが統治するソ連を見習うべき対象であるかのように論じる人びとを糾弾していた（Spectator 1940, pp. 18-20）。しかし、「自伝的覚書」でも語られるとおり、ヨーロッパでの侵攻を開始したナチ党とヒトラーに対する強烈な反感は、ソ連に対する敵意を緩和させることにも繋がっていった（Carr 2000, p. xix／邦訳 五八頁; Davies 2000）。一九四一年に独ソ戦が始まると、カーのソ連に対する肯定的評価は確たるものとなり、他方で『危機の二十年』の初版で示されたドイツに対する宥和政策への好意的な評価は、影すら見えなくなっていた（塩川二〇一一、三〇〇―三〇一頁）。「自伝的覚書」では、第二次世界大戦の終結が迫ると、戦勝国の一員となるソ連への評価はさらに高まり、ロシア革命とその後の過程を「偉大な達成であり歴史的転換点」と認識するようになったと述べられている。そしてソ連が成し遂げたことは、西洋社会にも示唆を与えると考えるようになっていた。このようなソ連への関心の高まりと、かねてからの資本主義への批判的立場が重なることで、出来るだけ詳細なソ連史を書きたいと考えるようになったとの説明がなされている（Carr 2000, p. xx／邦訳 五九頁）。

より詳細な経緯を探るジョナサン・ハスラムによるカーの評伝では、一九四三年にマクミラン社から歴史に関する文献を執筆しないかと依頼を受けたが、一度はこれを拒否したとのエピソードが紹介されている。その後、大戦の時局が変化し、ソ連軍がドイツに勝利することが明らかになりつつあった一九四四年一〇月に、カーはマクミラン社に対してソ連史に関する出版の計画を明らかにした（Haslam 1999, pp. 133-134）。また、一九四四年一〇月のチャーチルのモスクワ訪問が、カーに『ソヴィエト・ロシア史』の執筆を決断させる重要な機会であったとハスラムは論じる（Haslam 1999, p. 108）。独ソ開戦までのカーのソ連評価は一定していたわけではなく、また同じ時期でも光と影の両側面が意識され、常に両義的な立場と呼べるものだった。しかし、「自伝的覚書」でも回顧されているとおり、独ソ戦の趨勢は彼のソ連観に多大な影響を与えた。一九四四年一一月の『タイムズ』掲載の論説では、ソ連は「歴史における重大な転換点」を体現する存在であると表現しており、その歴史的な意義を高く評価するようになっていた（Times 1944; Haslam 1999, p. 108）。後に『歴史とは何か』で提起される通り、歴史家を取り巻く環境の変化が、過去の出来事に対する視点に大きな影響を与えていたのである。

（二）第二次世界大戦終結以降

終戦後の一九四六年には、オックスフォード大学での講演をもとにした『西欧を衝くソ連』が出版された。大戦直後のソ連への非常に高い評価が含まれている作品であるが、そこでは、ソ連の勃興は西ヨーロッパが支配的であった時代とそれを取り巻く諸条件の終焉と理解され、西洋型個人主義は終わりに近づく一方で、マルクス主義にもとづく集団主義的様式を基本とする新しい時代が訪れているとまで論じている（Carr

1946, pp. 114-116／邦訳 二一七―二二一頁）。

冷戦構造が固まりつつある時期においてソ連を新しい時代の象徴と捉えるカーの立場は、西側の研究者間では受け入れ難いものに映った。西側におけるカーの評価に、「親ソ的」や「コミュニスト」とのレッテルが付きまとうようになったのである。確かに、本人も後の回想で、「多くの正当な主張」を含んでいるが「バランスを欠いた」と認めるように、大戦終結直後のカーのソ連評価は過剰なほどに肯定的である（Carr 2000, p. xx／邦訳 五九頁）。ただし、塩川も論じるように、同時期のカーの態度は「親ソ」と一括りにできるほど単純ではない。塩川は、当時のカーの議論は、冷戦構造が固まりつつあるなかでソ連をイデオロギー的側面から断罪するのではなく、現前に存在する大国として認識すべきであるという「反・反ソ」的な立場の反映ではないかと論じている（塩川 二〇二〇、二三七頁）。つまり、この時期のカーにとって、ドイツを倒すほどの工業生産力を獲得したソ連を考察することは、国際政治を「リアリズム」の立場から検討するうえで不可欠な作業だったのである。数十年前までは、封建的な政治体制と後進的な経済状況に喘いでいた国家が、革命とその後の急速な工業化の達成によって、大戦での勝利と、国際政治における超大国の地位を獲得するに至った。その要因を考察することは、カーにとって避けられない問いとなったのである。また一方では、ソ連史への取り組みは、イデオロギーに囚われるあまりにソ連と向き合うことを避けるイギリスのアカデミアへの苛立ちにも駆り立てられていた。一九四八年のBBCラジオ放送のなかで、イギリスにおけるソ連への関心の低さは「意気地のなさと臆病さによる論争的問題からの忌避」と「「赤」とみなされることへの恐れ」による傾向だとして、アメリカの研究と教育の水準に追いつくことを強く訴えていた（Listener 1948, p. 518）。

さらに、リアリズムの立場からソ連の発展経緯への関心を抱いたのみならず、そこに新しい秩序の萌芽を見出していたことも指摘できる。上記のラジオ放送のなかで、準備中のソ連史研究の射程とその意義を詳らかにした。そこでは、『西欧を衝くソ連』と同様に、資本主義の終焉と新しい経済秩序としての社会主義の広範囲での実現を予言していた。ロシアではブルジョア資本主義が未成熟な状態で社会主義経済が導入されたために数多くの失敗を繰り返したが、そのこころみは世界中の多くの人びとに「教訓と警告」を与えることができるだろうと語っていた（Listener 1948, p. 518）。晩年に記された「自伝的覚書」でもこの観点は強調され、革命によって生み出された社会・経済システムは、資本主義社会、とりわけ西ヨーロッパ諸国に対して教訓を与え、新しい国際秩序の創造に寄与するとの信念が繰り返されている（Carr 2000, p. xxi／邦訳 六〇頁）。

カーにとってソ連は、「リアリズム」と「ユートピアニズム」を内包する存在となっていた。それは、現前に存在する超大国のひとつであると同時に、資本主義が際限なく膨張する一九世紀的世界秩序への対抗者であり、新しい「二〇世紀的秩序」を体現する国家だったのだ[9]。ソ連は古い秩序を克服する存在であると捉え、その誕生と発展の経緯を描くことが、カーの課題となったのである。しかし、その革命以降のソ連史を書くという決断は、当初の目論見では想像もできないほどに膨大な労力と時間を要する、ライフ・ワークと呼ぶに相応しい事業となっていった。

三　二〇世紀的秩序の体現者としてのソ連

（一）『ソヴィエト・ロシア史』の枠組み

長大かつ重厚な『ソヴィエト・ロシア史』およびその他のソ連を対象とする著作の詳細な分析は困難なた

め、本章は、カーが第一巻の出版時から言及し続けた『ソヴィエト・ロシア史』の時期区分に焦点を合わせることで、カーのソ連観についての考察を進めたい[10]。

上述の一九四八年のＢＢＣのラジオ放送では、初巻の刊行が迫る『ソヴィエト・ロシア史』の全体構想も語っていた。そこでは、当初は一九二二年末のソヴィエト社会主義共和国連邦の成立を叙述の始点とすることを考えていたと明かしている。それは各民族共和国の自治にもとづいた連邦制国家としてのソ連の誕生を特筆すべき出来事と捉えていたからだった。また、一九二二年はレーニンが政治舞台から姿を消すタイミングでもあり、「革命的段階」の終焉とも重なるという理解によるものだった。しかし、すぐに、歴史的な発展段階を含めたボリシェヴィキの研究、一九一八年のロシア共和国憲法の制定などが一九二二～二三年以降の考察に不可欠であると理解し、導入部分として進めていた一九一七～二三年の研究が最初の三巻本として上梓されることとなったとの経緯が明かされている（Listener 1948, p. 518）。連邦制国家としてのソ連に特別な注意を払っていたことは、第一巻の第三部が民族問題と連邦制に関する考察に当てられていることからも明らかである（Carr 1950, pp. 253-428／邦訳 二〇九―三五三頁）。

このような経緯から、それ以前の時期の考察も含まれるが『ソヴィエト・ロシア史』の叙述の始点を一九一七年とした一方で、このインタヴューの時点では、どの時期までを扱うのか、すなわち叙述の終着点をどこに置くのかは確定していないことも明かされている。そこでは「一九三五年〔原文ママ〕のスターリン憲法の制定までか、もしくは第二次世界大戦の開始時までを書きたいと願っている。それは、私にとって五ヶ年計画以上の事業になるかも知れないが」と述べるに留まっていた（Listener 1948, p. 518）[11]。ところが、第一巻が出版された一九五〇年にはこの見通しは修正され、どの時期までを扱うのかも確定していた。第一巻の序文で、革命以降のソ連の歴史を描くことが「向こう見ず」（temerity）であることを認めながらも、このプロジェクトの目的を次のように記した（Carr 1950, p. v／邦訳 一頁）。

わたしの抱負は、革命の諸事件の歴史ではなく（そうしたことならすでに多くの人びとによって記録されている）、革命から発生した政治的、社会的、経済的秩序の歴史を書くことである。

そして、一九五〇年の時点では、一九二三年を分岐点として、二部構成で完結するとの見通しを示し、第二部は『権力闘争、一九二三―一九二八年』と題されると予告していた（Carr 1950, p. v／邦訳 一頁）。この時点において、カーは『ソヴィエト・ロシア史』の枠組みは一九一七年から一九二八年となるとの構想を示し、考察の対象を一九二八年までとする理由は利用可能な資料の性格に由来すると説明している（Carr 1950, p. vi／邦訳 二頁）。

ソヴィエト・ロシア史にとりくむ歴史家は、資料の欠如か、その信憑性の欠如に起因する困難に直面すると考えられている。一九二八年以降の時期に関してこのような考えは正当化し得るかもしれないが、ここで扱う時代については、その資料は豊富であり、事実の描写においても、見解の表明という側面においても、特別に率直なものであり、上記のような危惧は根拠を欠いている。

しかし、一九五〇年に示されたプロジェクトの構想は、研究と執筆の進捗にともなって大幅に修正された。レーニンが政治舞台から去った時期以降を、「権力闘争期」と一括りにする枠組みは放棄され、一九二〇年代にいくつかの転換点が見出されたのだった。レーニンが政治舞台から去った後から死去の直後まで（一九二三年三月～一九二四年五月）を、党内権力の移行期間とみなし『大空位時代』と題した一冊にまとめた。この空位期間は、一九二四年五月に開催された第一三回党大会におけるトロイカ体制（ジノヴィエフ、カーメネフ、スターリン）による権力の掌握と、トロツキーの政治指導部からの締め出しによって終結する（Carr 1954）。そして、プロジェクトの当初の対象だった、革命から発生した新しい秩序が形成される期間として一九二四年から一九二六年が「重大な転換点」（a critical turning-point）（Carr 1958, p. v／邦訳一頁）と認識され、この期間の考察が『一国社会主義　一九二四―一九二六』と題され刊行された（全三巻四分冊）。それに引き続く時期については、当初の一九二八年までではなく、第一次五ヶ年計画が正式に採択される一九二九年五月までを扱うとの修正がなされ、一九二六年から一九二九年春までを対象とする『計画経済の基礎』（全三巻六分冊）が刊行されることとなった。(12)

このように、レーニンが政治舞台から去った後の時期にいくつかの転換点が見出され、当初の計画に大幅な変更が加えられた一方で、考察の対象を一九二九年春までとすることについては、最終巻の序文でも資料上の制約が理由のひとつとして示されている（Carr 1969a, p. xii）。また、『ソヴィエト・ロシア史』完結後に執筆された一九三〇年代前半のコミンテルンを対象とした著作（『コミンテルンの黄昏』）の序文や、「自伝的覚書」でも同様の説明が繰り返されている。「一九二〇年代末までについては、信頼し得る同時代の資料が利用できる」（Carr 1982, p. vii／邦訳ｖ頁）、「利用可能な資料を検討し、一九二九年までは資料状況が豊富であるがそれ以降はそうではない、という結論に達した」（Carr 2000, p. xx／邦訳五九頁）というように。『ソヴィエト・ロシア史』が完結した一九七八年に、『ニュー・レフト・レヴュー』誌に掲載されたペリー・アンダーソンによるインタヴューでも、一九三〇年代の資料状況に関して、当初の立場を多少は緩和させながらも同様の結論を繰り返している。(13)そこでは、執筆の過程で多くの資料が利用可能になったが、「狭い意味での政治史はどうしても閉じられたまま」であり、「実際に何があったのかについての手掛かりがある時代と同様の確信をもって、一九二九年以降の『ソヴィエト・ロシア史』に取り組むことは出来なかったのです」と述べていた（NLR 1978, p. 27）。

このような資料の制約を理由として『ソヴィエト・ロシア史』の枠組みを説明する一方で、『ソヴィエト・ロシア史』の完結後に取り組んだのは、一九三〇年代のコミンテルンに関する研究だった。先述の通り、そこでも一九二九年を転換点として資料が不足するとの見解が示されているが、一九三〇年代のコミンテルンを分析する際にも党や政府による出版物が典拠として豊富に利用されている。『ソヴィエト・ロシア史』に取り組み始めた一九五〇年代に、資料の状況を考慮して一九二八年までとの枠組みが設定されたことは確かだろうが、執筆が進むなかでカーは資料の側面のみならず、一九二八〜二九年をソ連史における重要な転換点であり、別の時代が始まる地点であると認識するようになっていた。そして、それは歴史家としてのカーのソ連観を反映するものだった。例えば、一九五八年にマクミラン社の編集者に宛てた手紙では、一九二九年を境に資料が「枯渇する」と述べながらも、その最後には「私の見解では、とにかく一九二九年が、ある時代の決定的な終焉の時——つまり別の時代の始まりの時——だからだ」と記していた（Haslam 1999, p. 281）。執筆を進める過程で他の研究者と交わされた私的な手紙のなかでも、一九二九年以降を考察の対象としないことは明確に述べられていた（*PEHC* 3, "Letter to George D. Jackson", 9 May 1972）。

最終シリーズとなる『計画経済の基礎』第一巻の序文では、一九二九年春を「分岐点」とする理由について、資料面での制約というかねてからの立場を繰り返しながらも、この時期がソ連における政治的・経済的な転換点であるとの積極的な位置付けが提示されている。経済的観点からは、「一九二九年五月の第五回ソヴィエト大会における正式な第一次五ヶ年計画の採択は、最適な終着点であるように思える」と説明し、強制的な農業集団化を伴うことになる一九二九年末の展開は、計画経済の導入による「ある種の必然的な帰結」であるものの、ソ連史における新たな時代の始まりであるとの見解を示した（Carr 1969a, pp. xi–xii）。政治的側面においても、一九二九年春は、ブハーリン派の敗北によりスターリンの独裁的統治体制が確立した時期と重なるため、この時期をソ連の統治様式の転換点と位置付けている。ブハーリン派の敗北によるスターリンの独裁体制の確立を政治的転換点とみることは、かつて『計画経済の基礎』第三巻の執筆を共同で行う計画を進めながらも、最終的には「個人的な理由」（Carr 1971, p. x）で関係が頓挫するイワン・アバクーモヴィッチに宛てた一九六六年の手紙でも強調されていた（*PEHC* 3, "Letter to Ivan Avakumovic", 10 March 1966）。

上述の『ニュー・レフト・レヴュー』掲載のインタヴューでも、一九一七年から一九四〇年前後のソ連をどのように理解するかについて語っており、その途上で「解放」から「抑圧」への転換が存在すると述べている。その転換点として、一九二一年のクロンシュタット反乱の鎮圧や、最初の「公開裁判」が行われた一九三〇～三一年も可能な選択肢のひとつと認めながらも、一九二〇年代半ばのスターリンによる党および国家機構の掌握と、一九二八年のトロツキー・ジノヴィエフら反対派へのキャンペーンや多くの反対派指導者の追放が最大の転機であるとの立場が示唆されている（NLR 1978, p. 28）。一九二〇年代半ばをひとつの分岐点とする視点は『一国社会主義』の枠組みと（Carr 1958, p. v／邦訳 一頁）、一九二八年の終わりから一九二九年初頭を転換点とする視点は『計画経済の基礎』の枠組みと重なる。少なくとも、大規模なテロルが始まる一九三〇年代半ばを抑圧的な体制への転機とする議論には賛同しないとし、どの時点を「転換点」とみなすのかについては、各歴史家の立場の反映であると強調していた（NLR 1978, p. 28）。『ソヴィエト・ロシア史』に引き続くプロジェクトとして取り組んだコミンテルン研究に関する著作の冒頭でも、一九二九年末までにソヴィエト政権の基本構造は確立されていたと述べ、一九二九年が重要な転換点であるとの立場が再び強調されている（Carr 1982, p. vii／邦訳 v頁）。

(二) 二〇世紀的秩序としての計画経済

カーが資料的な制約のみを理由とせず、一九二八〜二九年をソ連史における特別な転換点と理解し、『ソヴィエト・ロシア史』の区切りとしたことは、上記の通りいくつかの側面から説明できる。しかし、なかでも第一次五ヶ年計画の開始には、ソ連史においてのみならず、世界史的な意義を見出し、「二〇世紀的秩序」の出現を予期させるものであるとすら考えていた。それは、カーが戦前から関心を寄せていたレッセフェールへの挑戦と抵抗というテーマを引き継いだものだった。タマラ・ドイッチャーはカーの死去時の追悼稿のなかで、カーのソ連への興味は、計画経済の導入による驚異的な経済成長によって喚起されていたと指摘し、危機のなかにある資本主義の重要な代替案と考えていたと述べている（Deutscher 1983, p. 79／邦訳 三頁）。

カーにとって、計画経済を導くことになったロシア革命は、「一九世紀の終わりにヨーロッパで最高潮に達した、資本主義体制に対する最初の公然たる挑戦」だったのだ（Carr 1979, p. 1／邦訳〔改訳版〕一頁）。若い頃は自由貿易推進論者だったカーであるが、一九二九年以降の資本主義諸国における大恐慌とソ連の発展を目の当たりにして、国家が主導する経済システムを擁護する立場へと変節した。カーはソ連に対して両義的な姿勢を示してきたが、計画経済への評価と資本主義経済下における競争的市場の拡大に対する否定的な態度については、それ以来一貫したものだった[14]。「自伝的覚書」では、計画経済の開始時にはその概念に「感銘を受け」、際限なく膨張し続ける一九世紀的資本主義世界への「挑戦」であり「回答」であるとすら考えていたと述懐している（Carr 2000, p. xviii／邦訳 五七頁）。一九四八年のＢＢＣラジオでも、第一次世界大戦の勃発は、古いタイプの資本主義は「崩壊を運命づけられて」おり、それが「より公平な分配に基づいた計画経済と社会主義の要素を含む秩序によって取って代わられるのは自然の成り行き」と考えられるタイミングで起こったものと述べられていた[15]（Listener 1948, p. 520）。

一九五一年に出版された『新しい社会へ』では、一九世紀的なレッセフェールが歴史的な意義を失った今日において、これに引き続く道は「『福祉国家』、『社会奉仕国家』、また、単に『社会主義』と呼ばれている社会的経済的秩序以外にないのです」、「社会主義を目的とする計画だけが残された道となる」と断言している（Carr 1951b, p. 38／邦訳 五七―五八頁）。ただし、これらの文脈で論じられている社会主義経済の形式として、ソ連型（この場合は、スターリン型の）社会主義が念頭にあるわけではなく――それは「共産主義」と別の言葉で表現されている――、あくまでも政治的自由や民主主義と併存させる必要があり、その実現は困難を極めるかもしれないが「民主主義を存続させるには、この一つのコースしかない」とすら公言している[16]（Carr 1951b, p. 39／邦訳 六〇頁）。一九六〇年代末に公刊された論稿でも、個人の利益ではなく、社会全体に奉仕するための機関によって経済的な決定が行われることが重要だとし、ソ連の計画経済はこの最初のこころみであり、多くの国が模倣したとの議論がなされている（Carr 1967, p. 282／邦訳 三四一頁）。後のインタヴューでも、ソ連が「社会主義経済プログラムの実現」に大きな貢献をしたことが繰り返し強調されている（NLR 1978, p. 26）。そして、『ソヴィエト・ロシア史』のなかでも、計画経済の実行によるソ連の工業化は「新たな生活様式と機会と希望を数多の人々とその子供たちに与えたし、与えるだろう」と、未来への希望も含んだ観測がつづられている（Carr 1971, p. 451）。

（三）矛盾としてのスターリン体制

国家主導の計画によって運営される経済システム（中央指令型経済）に二〇世紀的秩序と未来への希望を見出していた一方で、カーは「それを獲得するために用いられた手段は、しばしば社会主義のまさに否定そのもの」だったという矛盾も指摘していた（Carr 1979, p. 187／邦訳〔改訳版〕二七一頁）。一九二〇年代末のスターリン体制の確立は、「革命の諸目的の集積とも挫折とも解釈できる」ものだったし、計画化の「犠牲」とも理解できるものだった（Carr 1971, p. ix）。強権的な手段を利用し新しい経済プログラムを執行したスターリンは、前世紀的で「反革命的」な顔を持ち合わせた指導者だった（Carr 1971, p. 449）。すなわち、彼は「解放者であると同時に暴君であり、大儀に尽くす人物であると同時に独裁者」であり、「ピョートル以来ロシアに現れた最も残酷な専制者であり、また偉大な西欧化推進者」だったのだ[17]（Carr 1958, p. 186／邦訳一四八頁、Carr 1979, p. 172／邦訳〔改訳版〕二四七頁）。

しかし、カーは一九三〇年代のソ連における甚大な人的被害を同時代から認識していたにもかかわらず、歴史家としてその問題に取り組むことはなかった[18]。それは、計画経済を実行する途上で引き起こされた被害は、歴史的進歩の過程における不可避の代償であるとして、それがその功績を覆い隠すことはなく、光の側面に本来的な意義があることを強調する立場によるものだった（Carr 1971, p. 451）。時に「進歩史観」や過度の現状追認論として批判されるこのようなカーの姿勢ではあるが、『歴史とは何か』でも語られていた立場を反映するものだった。『歴史とは何か』では、産業革命期のイギリスを事例として、多くの犠牲は進歩の不可避の代償であり、それに否定的な立場をとることは歴史家として戒めるべき態度であるとの議論が提示されている。そして、『歴史とは何か』のこの箇所でも、ソ連における「農業集団化の問題」は「工業化に伴う犠牲の一部分」と明確に述べられている。カーにとって、一九二九年のソ連における計画経済の導入の決定は歴史的な意義を有しており、歴史家による考察の対象となり得る。他方で、それが実践される途上での犠牲は避けることのできない代償であり、取り立てて議論すべき必要はないという論理が貫かれていた[19]（Carr 1961, pp. 74-80／邦訳 一一六―一一七頁、Carr 1967, p. 274／邦訳 三三一頁）。別の箇所でも、同時代の人々には過酷な経験を強いることになったが、工業化と都市化の進展は、ソ連全土における教育水準の向上や、医療および社会状況の改善にもつながっていると繰り返して述べている（NLR 1978, p. 26; Carr 1979, p. 188／邦訳〔改訳版〕二七一―二七二頁）。

このような姿勢は、『歴史とは何か』のなかの歴史の意義についての議論とも重なる。『歴史とは何か』で語られた歴史家の役割と歴史の意義に関する議論は、「現在の一部である」歴史家は、事実と解釈の「二つの難所の間を航行する」ものであり、その相互作用は「現在と過去との相互関係」を含んでいることが指摘されている。そうであるがゆえに、「歴史とは歴史家と事実との間の相互作用の不断の過程であり、過去と現在との尽きることを知らぬ対話」であるとのテーゼが抽出されるのである。また、どれだけ個別なテーマを扱っていたとしても、合理的な説明によって因果関係を示すことができるならば、「他の国々、他の時代、他の条件にも可能的に適用」できる一般化や法則性を見出すことができる。すなわち、科学としての歴史は、現在と未来に対する教訓を引き出すことができるとの見方を示していた（Carr 1961, p. 24, pp. 99-102／邦訳 四〇頁、一五七―一五八頁）。カーが初期ソ連史研究に没頭したのも、そこには残酷な側面があったとしても、計画経済はソ連においてのみ適用可能なのではなく、多くの西側諸国にとって資本主義の行き過ぎに対する教訓となるという信念に支えられていたからだった。

しかし、執筆と刊行が進むなかでの国際情勢の変化は、ソ連の教訓を適応できる潜在的対象の変更も迫ることになった。『ソヴィエト・ロシア史』に着手し始めた時期のカーは、計画を基本とする経済システムが世界規模で採用されることで資本主義の行き過ぎを克服できると考えていた。だが、『ソヴィエト・ロシア史』の最終盤箇所の執筆時には、かつての社会主義経済の世界化の見通しは暗くなり、戦後期の楽観的な態度は消え失せていた。『ソヴィエト・ロシア史』の最後の部分では、「一国社会主義」や「上からの革命」を通じて実行されたソ連の工業化と社会インフラの拡充は、資本主義が未発達な地域による、西洋資本主義諸国への挑戦の可能性を示していると述べている。そして、ロシア革命は、当初の目的を果たせなかったが、「近代のどのような歴史的出来事よりも、より深遠で持続的な反響を引き起こす源泉なのである」と結ばれるのだった（Carr 1978, pp. 1020-1021）。「ユートピアニストとしてのカー」は、第三世界における中央指令型経済の導入に希望を見出し、ソ連の経験の世界史的意義と「進歩」に対する信念を保ち続けていたのである。

四　おわりに

カーは、冷戦の終焉もソ連の解体もみることなく、一九八二年一一月に九〇歳で死去した。一九八〇年の時点でも西洋社会の「没落と衰退」を予想していたカーだったが（Carr 2000, p. xxi, 邦訳 六〇頁）、死去から一〇年も経たないうちに訪れたのは、皮肉にも社会主義経済圏の崩壊だった。二〇世紀が終わりに近づくなかで、エリック・ホブズボームは、第一次世界大戦の勃発に始まる「短い二〇世紀」は、東欧社会主義諸国の体制転換とソ連の解体によって、資本主義体制の勝利が明らかとなったことで幕を閉じたと論じた(20)（Hobsbawm 1994）。カーも、ホブズボームと同様に、ソ連が世界地図から消えるという出来事を、別の時代の始まりと捉えただろうことは想像に難くない。カーが二〇世紀的秩序を象徴すると捉え、世界的な広がりと影響力を信じた中央指令型経済システムは、東ヨーロッパの国々における体制転換とソ連の解体により脆くも崩れ去ったかのように思われたのである。

一九九〇年代に入ると、資本主義の勝利と社会主義の没落は運命付けられていたかのような議論が跋扈した。しかし、二〇世紀のある一時期において、計画経済による発展モデルの有効性が信じられ、途上国を中心とした国々で採用されたことも事実ならば、先進資本主義諸国が計画の要素を部分的にでも採用することで、資本主義の陥穽を埋めようとしたことも二〇世紀史の重要な一部なのである。また、二一世紀に入りグローバリゼーションの加速的な進展によるさまざまな弊害が顕在化しつつあるなかで、一時は「勝者」とされた市場経済システムも再び問い直しを迫られる時代を迎えている。

カーによるソ連史研究は、二〇世紀史を大局的に検討するのみならず、国際政治・経済的観点からも現代的な意義を有する重要な参照点であり続けている。

＊本稿は龍谷大学国外研究員制度の助成を受けた研究成果の一部である。

注

（1）本章が参照するカーの著作のうち、邦訳版のある場合は文末の参考文献一覧で詳細を示し、その該当頁数を括弧内に示している。訳文については適宜変更を加えている。

（2）例外的な事例として塩川伸明の一連の仕事がある（塩川二〇一一、二〇一六）。このうち、後者の論文は改訂されて塩川（二〇二〇）にも収録されている。塩川論文については、本章は改訂版の稿（二〇二〇）を主に参照することとする。カーのロシア革命観およびソ連観を捉えようとする共通項があるため、塩川（二〇一六、二〇二〇）の論旨は本章と重なる部分も多く参照した箇所も少なくない。他方で、後述の通り、この章ではいくつかの特定の観点からのカーのソ連史研究とソ連観の再考察を行う。

（3）この傾向は、カーの存命中や死去の直後にもあった。冷戦期におけるカー批判については、Ticktin（2000）が詳しい。カーの死去直後の批判としては、Labedz（1983）、Stone（1983）などが挙げられる。

（4）一方で、ソ連解体直後に、カーの再評価を促した研究者も少なからず存在していた（Smith 1994）。

（5）細かな事実についてではあるが、筆者もアーカイヴ史料を参照してカーの認識の誤謬を指摘したことがある（Takiguchi 2012, p. 73）。

（6）この観点の考察については、山中（二〇一七、一二六―一六〇頁）も参照。

（7）「自伝的覚書」は、タマラ・ドイッチャーの要請によって一九八〇年に書かれていたが、二〇〇〇年まで公刊されなかった（Carr 2000, p. xviii／邦訳 五〇頁）。

（8）その後、一九三九年～四〇年は情報省の任に就き、一九四一～四六年にかけては『タイムズ』の論説委員を担った。

（9）カーと個人的な親交を結んだ唯一の日本人だった溪内謙も、カーのロシア革命とソ連の国家建設期への興味の源泉を、カーが生まれ育った一九世紀的な価値体系の崩壊の経験と、新たに誕生しつつある「二〇世紀的秩序の探求」にあると述べている（溪内 一九九五、七四頁）。

（10）カーの『ソヴィエト・ロシア史』を包括的に分析する論考は多くない。日本語で出版されたものでは、溪内による解説（溪内 二〇〇〇、二〇〇二）が有益である。

（11）スターリン憲法と称される新憲法が制定されたのは、実際には一九三六年である。

（12）『計画経済の基礎』の経済的側面を扱う箇所については、デイヴィスとの共著となった。

（13）ハスラムによる評伝では、実際には書面でのやりとりであったとの指摘がある（Haslam 1999, p. 285）。

（14）山中（二〇一七、一四六頁）は、カーが戦前から計画経済を高く評価していたことを指摘している。

福祉の経済思想家たち［増補改訂版］

小峯敦編　福祉＝理想社会の設計をめぐって格闘した、経済学者たちの軌跡。ベーシックインカムはじめ、最新のトピックも充実。**A 5 判　2400円**

テキストマイニングから読み解く経済学史

小峯敦編　経済学は人々の間にどのように浸透し、受容されていったのか。「計量テキスト分析」から明らかにする。**A 5 判　3500円**

貨幣論の革新者たち―貨幣と信用の理論と歴史―

古川　顕　「貨幣とは何か？」を変えた偉大な７人の理論を紐解き、貨幣論が「信用論」へと深化してきた過程を明らかにする。**A 5 判　3500円**

入門数理マルクス経済学

山崎好裕　マルクス経済学とは何でありうるのか。現代経済学と比較対照しながらマルクス経済学の現代的意義を平易に解説。**四六判　2200円**

ハイエクを読む

桂木隆夫編　ハイエクは本当に新自由主義の元祖なのか。ハイエク思想の総体をキーワード別に解説する格好のハイエク入門。**四六判　3000円**

21世紀に生きる資本論―労働する個人・物質代謝・社会的陶冶―

鈴木敏正・高田純・宮田和保編　労働する諸個人、物質代謝論、将来社会への社会的陶冶の観点から、資本論の可能性を再考。**A 5 判　3800円**

制度でわかる世界の経済―貨幣と信用の理論と歴史―

宇仁宏幸・厳成男・藤田真哉編　より広範な合意とより多くの公共の福祉の達成のために。制度や政治から経済の現実に鋭く迫る。**A 5 判　3000円**

日本経済の常識―制度からみる経済の仕組み―

中原隆幸編　マクロ経済学の基本から雇用、財政、社会保障まで、日本経済の現状と課題を制度経済学の観点から平易に解説。**A 5 判　3600円**

国際経済学入門［改訂第２版］―グローバル化と日本経済―

高橋信弘　国際経済学の基本をもとに、経済の仕組みをやさしく解説。TPP や欧州債務危機など最新の情報をもとに分析。**A 5 判　3200円**

ダイバーシティ・マネジメント入門―経営戦略としての多様性―

尾﨑俊哉　さまざまな人材の活用をめざすダイバーシティ・マネジメント。その経営戦略上の意義をわかりやすく紹介する。**A 5 判　2200円**

(220430)

つながりが生み出すイノベーション—サードセクターと創発する地域—
菅野　拓　東日本大震災の被災地で大きな役割を果たしたNPOなどのサードセクター。その実態を詳細な調査をもとに解明。**A 5 判　3800円**

災害対応ガバナンス—被災者支援の混乱を止める—
菅野拓　日本の災害対応が混乱する原因を構造的に明らかにし、より良い災害対応ガバナンス構築のための提言を行う。**A 5 判　2000円**

ポスト 3・11の科学と政治
中村征樹編　東日本大震災が浮き彫りにしたさまざまな問題を、「科学をめぐるポリティクス」という観点から考察する。**四六判　2600円**

責任ある科学技術ガバナンス概論
標葉隆馬　科学技術政策の現状と課題、倫理的・法的・社会的課題(ELSI)など、科学と政策、社会に関わる議論を包括的に解説。**A 5 判　3200円**

災禍をめぐる「記憶」と「語り」
標葉隆馬編　公的な記録からこぼれ落ちていく、災禍をめぐる経験や感情、思考。それらを社会に留め、記憶を継承していくために。**四六判　3600円**

ポスト 3・11のリスク社会学—原発事故と放射線リスクはどのように語られたのか—
井口暁　ルーマンのリスク論と対話論の再検討を通じ、ポスト３・11の論争空間を分析する。**四六判　3400円**

日本の動物政策
打越綾子　愛玩動物、野生動物、動物園動物から実験動物、畜産動物まで、日本の動物政策・行政のあり方をトータルに解説。**A 5 判　3500円**

人と動物の関係を考える—仕切られた動物観を超えて—
打越綾子編　動物への配慮ある社会を実現するには。動物実験、畜産、自治体、野生動物、動物園、各現場からの報告と対話。**四六判　2000円**

フードスタディーズ・ガイドブック
安井大輔編　食について考えるうえで欠かせない49冊を徹底紹介。食を総合的に考えるための初の本格的ブックガイド。**A 5 判　2600円**

食と農のいま
池上甲一・原山浩介編　食べることと農業の多様なつながりから世界を読み解く。遺伝子組換えからフードポリティクスまで。**四六判　3000円**

現代アラブ君主制の支配ネットワークと資源分配—非産油国ヨルダンの模索—

渡邊駿　「アラブの春」において君主制国家はなぜ崩れなかったのか？石油を持たぬ王国ヨルダンに見る体制存続のメカニズム。**Ａ５判　5400円**

現代イスラーム世界の食事規定とハラール産業の国際化—マレーシアの発想と牽引力—

桐原翠　マレーシアの政策に主導され、制度としてのハラール認証が世界に拡がるメカニズム。「食」からのイスラーム世界論。**Ａ５判　4200円**

歴史書の愉悦

藤原辰史編　古今東西の歴史学の名著を、現代の俊英たちが鮮やかに読み解く。ハードでディープな歴史学ブックガイド。**Ａ５判　3000円**

歴史としての社会主義—東ドイツの経験—

川越修・河合信晴編　社会主義とは何だったのか。東ドイツを生きた人々の日常生活を掘り起こし、社会主義社会の経験を検証。**Ａ５判　4200円**

アンゲラ・メルケルの東ドイツ—「劣化する社会」を生きる人びと—

川越修　劣化し崩壊していった東ドイツ社会の中でメルケルは何を見たのか。自らの信念に生きた人びとの思索との対話。**四六判　2500円**

モダン京都—〈遊楽〉の空間文化誌—

加藤政洋編　漱石や谷崎らが訪れた宿、花街や盛り場の景観。文学作品や地図などをもとに京都における遊楽の風景を再構成。**四六判　2200円**

日常生活行動からみる大阪大都市圏

稲垣稜　少子高齢化や女性の社会進出に伴い変化する大都市圏の構造を通勤流動や買い物行動の世代間比較の分析から読み解く。**Ａ５判　2700円**

大恐慌期における日本農村社会の再編成—労働・金融・土地とセイフティネット—

小島庸平　大恐慌を契機とした、農村社会の紐帯に依存した独特な福祉国家システムの形成過程を、実証的に明らかにする。**Ａ５判　5800円**

堀田善衞　乱世を生きる

水溜真由美　戦争や内戦、歴史への関心、第三世界との関わり。乱世を描き、知識人のあり方を問い続けた作家の全体像に迫る。**四六判　3800円**

未来創成学の展望—逆説・非連続・普遍性に挑む—

山極壽一・村瀬雅俊・西平直編　生命・物質・心の世界、社会・教育・経済を貫く普遍法則、創発原理を探究する壮大な知的冒険。**Ａ５判　3500円**

ケアが生まれる場 ―他者とともに生きる社会のために―

森明子編　ケアはどのような状況で生まれるのか。ケアが生まれる場では何が起こっているのか。民族誌的アプローチから考察。A５判　3800円

緊急人道支援の世紀 ―紛争・災害・危機への新たな対応―

内海成治・桑名恵・大西健丞編　主要機関の役割の解説から、実践の現場からの報告まで、一冊で緊急人道支援の全体像を学ぶ。A５判　3800円

ボランティア・難民・NGO ―共生社会を目指して―

内海成治　長年国際協力に携わってきた著者による、グローバルな共生社会実現に向けた三つのキーワードを巡る諸論考を集成。A５判　3500円

交錯と共生の人類学 ―オセアニアにおけるマイノリティと主流社会―

風間計博編　オセアニア島嶼部における移民・「混血」、性・障害などの民族誌事例を提示し、現代世界における共生の論理を追究。A５判　5200円

響応する身体 ―スリランカの老人施設ヴァディヒティ・ニヴァーサの民族誌―

中村沙絵　他人でしかない人々の間に老病死を支える関係性は、いかに築かれているのか。スリランカの老人施設が投げかける問いとは何か。A５判　5600円

草原の掟 ―西部モンゴル遊牧社会における生存戦略のエスノグラフィ―

相馬拓也　数千年にわたって培われてきた遊牧民たちの「生活の知恵」を明らかにするフィールドワークの記録。　A５判　5600円

世界史を歩く ―新全世界紀行―

南里章二　ユーラシア大陸から太平洋の島々まで世界194カ国を巡った著者が、各国の史跡が語る歴史を紡いで描く“全世界史”。　A５判　3000円

グローバル・イスラーム金融論

吉田悦章　グローバル化・高度化を続けるイスラーム金融を実証的に分析。発展史から地域的特性、金融商品の内容など詳細に解説。A５判　4200円

イスラーム経済の原像 ―ムハンマド時代の法規定形成から現代の革新まで―

ハシャン・アンマール　酒、豚肉、利子（リバー）、これらはいつ、どうして禁じられたのか。イスラーム経済の本質を問う。　四六判　3200円

二つのアジアを生きる ―現代カザフスタンにおける民族問題と高麗人（コリョ・サラム）ディアスポラの文化変容―

李眞恵　朝鮮半島からの移民社会は、旧ソ連時代さらには連邦解体後カザフスタンでどう動いたか。その文化的生存戦略を探究。　A５判　5000円

同化と他者化―戦後沖縄の本土就職者たち―

岸政彦　復帰前､｢祖国｣への憧れと希望を胸に本土に渡った膨大な数の沖縄の若者たちのその後を､詳細な聞き取りと資料をもとに解明。　**四六判　3600円**

追放と抵抗のポリティクス―戦後日本の境界と非正規移民―

髙谷幸　非正規移民とは誰か。彼らを合法／不法に分割するものは何か。戦後日本の非正規移民をめぐる追放と抵抗のポリティクス。**A 5 判　3500円**

宗教の社会貢献を問い直す―ホームレス支援の現場から―

白波瀬達也　現代における「宗教の社会参加」をいかにとらえるべきか。ホームレス支援の現場からその現状を問う。　**四六判　3500円**

社会運動と若者―日常と出来事を往還する政治―

富永京子　社会運動の規範や作法はどのように形成されるのか。若者と運動の特質を出来事についての語りから浮き彫りにする。**四六判　2800円**

スポーツとナショナリズムの歴史社会学―戦前＝戦後日本における天皇制・身体・国民統合―

権学俊　戦前戦後のスポーツイベント・政策の考察から私たちの身体と地続きの権力を問い直す。　**A 5 判　3200円**

フェミニスト現象学入門―経験から｢普通｣を問い直す―

稲原美苗・川崎唯史・中澤瞳・宮原優編　妊娠、月経、ハラスメント、女／男らしさ――この世界に生きるとはどのような経験なのか。**A 5 判　2200円**

サイレント･マジョリティとは誰か―フィールドから学ぶ地域社会学―

川端浩平・安藤丈将編　地域社会という言葉が覆い隠してしまう私たちの想像力を再び活性化するために。　**四六判　2300円**

アニメーターはどう働いているのか―集まって働くフリーランサーたちの労働社会学―

松永伸太朗　なぜ集まって働くのか。制作現場はどのように維持されているのか。綿密な参与観察を通して労働の実態に迫る。**A 5 判　2800円**

骨を接ぐ者―柔道整復師ほねつぎ論―

稲川郁子　切らずに治す達人の技はいかに身につくのか。熟達の柔道整復師へのインタビューから解明する教育学的ほねつぎ論。**四六判　3000円**

概念分析の社会学 2―実践の社会的論理―

酒井泰斗・浦野茂・前田泰樹・中村和生・小宮友根編　社会生活での多様な実践を編みあげる方法＝概念を分析。　**A 5 判　3200円**

（15）しかし、そのような「実験」に乗り出したのが、資本主義が未発達なロシアであったことが「悲劇」を招いたとも述べている（Listener 1948, p. 520）。

（16）塩川も指摘するように、カーにとっての理想とされる社会主義体制とは、現在では「社会民主主義」と呼ばれる政治・経済・社会体制に近いものだったと言える（塩川　二〇二〇、二三六頁）。

（17）歴史のなかの個人に対して、その性格についての評価をすべきではないとの立場を示し続けていたカーだが、スターリンに対しては時に辛辣な言葉を用いてその人間性を表現している。他方で、スターリンの現況を分析する能力と、（惨禍をともなったにしても）ソ連を工業国へと押し上げた政治手腕については高く評価し、一面的な評価を下すことは避けている（Carr 1958, pp. 174–186／邦訳　一三八―一四八頁）。

（18）一九三〇年代にカーが記したソ連の負の側面を指摘する論説については、山中（二〇一七、一四五―一四六頁）を参照。

（19）しかし、プロジェクト完結後のあるインタヴューでは、一九三〇年代の大テロルがソ連の進展に制限をかけたとも語っている（MS 1979）。

（20）イギリス共産党員だったホブズボームは、資本主義の勝利を宿命論的に論じているわけではない。彼の立場からすれば、「破滅の淵にあるかのように見えた資本主義体制」の勝利は、「驚くべきことであり、まったくの予想外」だったのだ（Hobsbawm 1994, p. 268）。

参考文献

アーカイヴ資料

PEHC: *Papers of E.H. Carr* [Box No.], University of Birmingham, Cadbury Research Library, Special Collections

カーの著作

[A History of Soviet Russia（『ソヴィエト・ロシア史』）]（出版社は全てMacmillan）

Carr. E.H.　1950 *The Bolshevik Revolution, 1917–1923*, vol. 1.

——　1951a *The Bolshevik Revolution, 1917–1923*, vol. 2.

——　1953 *The Bolshevik Revolution, 1917–1923*, vol. 3.

（原田三郎ほか訳『ボリシェヴィキ革命　ソヴェト・ロシア史　一九一七—一九二三』全三巻、みすず書房、一九六七—七一年）

——　1954 *The Interregnum, 1923–1924*.

——　1958 *Socialism in One Country, 1924–1926*, vol. 1.

——　1959 *Socialism in One Country, 1924–1926*, vol. 2.

（南塚信吾訳『一国社会主義　ソヴェト・ロシア史1924–1926』全二巻〔政治／経済〕、みすず書房、一九七四—一九七七年）

——　1964a *Socialism in One Country, 1924–1926*, vol. 3, part 1.

——　1964b *Socialism in One Country, 1924–1926*, vol. 3, part 2.

Carr, E.H. and Davies, R.W.　1969a *Foundations of a Planned Economy, 1926–1929*, vol. 1, part 1.

——　1969b *Foundations of a Planned Economy, 1926–1929*, vol. 1, part 2.

Carr, E.H.　1971 *Foundations of a Planned Economy, 1926–1929*, vol. 2.

——　1976a *Foundations of a Planned Economy, 1926–1929*, vol. 3, part 1.

——　1976b *Foundations of a Planned Economy, 1926–1929*, vol. 3, part 2.

——　1978 *Foundations of a Planned Economy, 1926–1929*, vol. 3, part 3.

〔『ソヴィエト・ロシア史』以外の著作〕

Carr, E.H. 1946 *The Soviet Impact on the Western World*, Macmillan.（喜多村浩訳『西欧を衝くソ連』社會思想研究會出版部、一九五〇年）

―――― 1951b *The New Society*, Macmillan.（清水幾太郎訳『新しい社會』岩波新書、岩波書店、一九五三年）

―――― 1961 *What is History?*, Macmillan.（清水幾太郎訳『歴史とは何か』岩波新書、岩波書店、一九六二年）

―――― 1967 "Some Random Reflections on Soviet Industrialization", in Feinstein, C.H.（ed.）, *Socialism, Capitalism and Economic Growth: Essays Presented to Maurice Dobb*, Cambridge University Press, pp. 271-284.（岡本正訳「ソヴェト工業化にかんする随想」、C・H・フェインステーン（編）、水田洋ほか訳『社会主義・資本主義と経済成長――モーリス・ドッブ退官記念論文集』筑摩書房、一九六九年、三二八―三四三頁）

―――― 1979 *The Russian Revolution: From Lenin to Stalin*（*1917-1929*）, Macmillan.（塩川伸明訳『ロシア革命――レーニンからスターリンへ、一九一七―一九二九年』岩波現代選書、一九七九年、〔改訳版〕岩波現代文庫、二〇〇〇年）

―――― 1982 *The Twilight of Comintern, 1930-1935*, Macmillan.（内田健二訳『コミンテルンの黄昏　一九三〇―一九三五年』岩波書店、一九八六年）

―――― 2000 "An Autobiography", in Cox, Michael（ed.）, *E.H. Carr: A Critical Appraisal*, Palgrave Macmillan, pp. xiii- xxii.（中嶋毅訳「自伝的覚書」『思想』二〇〇二年一二月号、五〇―六一頁）

インタヴュー、書評、特派員記事など

IARS 1940: "Book Review: Max Eastman, *Stalin's Russia and the Crisis in Socialism*（Allen & Unwin, 1940）", *International Affairs Review Supplement*, 19, 2, p. 136

Listener　1948: "Problems of Wiring Modern Russian History", *Listener*, 40 (1028), pp. 518–520.

MS　1979: "Russia from Lenin to Stalin", *Morning Star*, 27 July, pp. 2–3.

NLR　1978: "The Russia Revolution and the West", *New Left Review*, 111, pp. 25–36.（鈴木博信訳「今日の左翼　インタヴュー」『ナポレオンからスターリンへ――現代史エッセイ集』岩波書店、一九八四年、三一三―三三六頁）

Spectator　1940: "Book Review: Max Eastman, *Stalin's Russia and the Crisis in Socialism* (Allen & Unwin, 1940)", *Spectator*, 13 September, pp. 18–20.

Times　1937: "Lenin: Stalin", *The Times*, 5 July, p. 15.

Times　1944: "Russia, Britain, and Europe", *The Times*, 6 November, p. 5

THES　1978: "Revolution without the Passion" (interview with Peter Scott), *Times Higher Education Supplement*, 7 July, pp. 7–8.

その他の文献

塩川伸明　二〇一一「E・H・カーの国際政治思想」『民族浄化・人道的介入・新しい冷戦――冷戦後の国際政治』有志舎。

――――　二〇一六「E・H・カーのロシア革命論」『社会科学研究』六七巻一号、二五―四九頁。

――――　二〇二〇『歴史の中のロシア革命とソ連』有志舎。

溪内謙　一九九五『現代史を学ぶ』岩波新書、岩波書店。

――――　二〇〇〇「E・H・カー氏のソヴィエト・ロシア史研究について」E・H・カー（塩川伸明訳）『ロシア革命――レーニンからスターリンへ、一九一七―一九二九年』岩波現代文庫、岩波書店、二七七―三〇六頁。

――――　二〇〇二「E・H・カー『ソヴィエト・ロシア史』について」『思想』一二月号、一―四頁。

西村邦行　二〇一五「世界にとどまる――E・H・カー『歴史とは何か』の政治思想」『北海道教育大学紀要人文科学・社会科学編』六五巻二号、一三―二八頁。

山内昌之　二〇〇九「私のE・H・カーとの出会い」『外交フォーラム』二二巻、一四―二一頁。

山中仁美　二〇一七『戦争と戦争のはざまで――E・H・カーと世界大戦』佐々木雄太監訳、ナカニシヤ出版。

Cannadine, David ed.　2002, *What is History Now?*, Palgrave Macmillan.（平田雅博・岩井淳・菅原秀二・細川道久訳『いま歴史とは何か』ミネルヴァ書房、二〇〇五年）

Davies, R.W.　2000 "Carr's Changing Views of the Soviet Union", in Cox, Michael（ed.）, *E.H. Carr: A Critical Appraisal*, Palgrave Macmillan, pp. 91-108.（中嶋毅訳「E・H・カーの知的彷徨――変化するソ連観」『思想』二〇〇〇年一一月号）

Deutscher, Tamara　1983 "E.H. Carr ― A Personal Memoir", *New Left Review*, 137, pp. 78-86.（富田武訳「E・H・カーの個人的思い出」『コミンテルンとスペイン内戦』岩波書店、一九八五年、一―一九頁）

Evans, Richard　2001 "Introduction", in Carr, E.H., *What is History*（40th anniversary edition）, Palgrave Macmillan, pp. ix- xlvi.

Haslam, Jonathan　1999 *The Vices of Integrity: E.H. Carr, 1892-1982*, Verso.（角田史幸・川口良・中島理暁訳『誠実という悪徳――E・H・カー1892-1982』現代思潮新社、二〇〇七年）

Hobsbawm, Eric　1994 *Age of Extremes: The Short Twentieth Century, 1914-1991*, Michael Joseph.（大井由紀訳『20世紀の歴史――両極端の時代』〈上・下巻〉、ちくま学芸文庫、筑摩書房、二〇一八年）

Kotkin, Stephen　1997 *Magnetic Mountain: Stalinism as a Civilization*, University of California Press.

Labedz, Leopold　1983 "A History in the Making", *Times Literary Supplement*, 4184（10 June）, pp. 605-607.

Smith, Steve　1994 “Writing the History of the Russian Revolution after the Fall of Communism”, *Europe-Asia Studies*, 46, 4, pp. 563-578.

Stone, Norman　1983 “Grim Eminence”, *London Review of Books*, 5, 1, pp. 3-8

Takiguchi, Junya　2012 “Projecting Bolshevik Unity, Ritualizing Party Debate: The Thirteenth Party Congress, 1924”, *Acta Slavica Iaponica*, 31, pp. 55-76.

Ticktin, Hillel　2000 “E.H. Carr. The Cold War and the Soviet Union”, in Cox, Michael （ed.）, *E.H. Carr: A Critical Appraisal*, Palgrave Macmillan, pp. 145-161.

第六章　カーの歴史
——現実をつかむ手立ての模索

西村邦行

一　はじめに

歴史を定義することは難しい。それは少なくとも、過ぎ去った（とされる）何かに関係している。ただ、その何かには、実際に起こったとは信じがたい神話から、具体的な遺物で詳細が裏づけられる出来事までが含まれうる。あるいは、過去へ関心が向けられる動機も多様である。時には目下の統治体制を正当化するために、時には将来への教訓をえるために、人々は過去を振り返ってきただろう。歴史を書き語る営みは、それ自体が歴史的と言うべき性質を帯びている。歴史という概念の移ろいを辿る試みは、しばしば、歴史諸概念の歴史（history of histories）に帰着してきた（たとえば、Burrow 2007）。

本書が扱っているカーもまた、歴史家であった——この言葉にすぐさま疑義を差し挟もうという人は、そうはいまい。国際政治学でも業績を遺したと加えれば、いっそう通りがよいかもしれない。ただ、彼が歴史家だったとは、どのような意味においてだろうか。浩瀚なソヴィエト史（一九五〇～一九七八年）を記したことが重要なのか。あるいは、『歴史とは何か』（一九六一年）の書き手という事実の方だろうか。それとも、まさに歴史に携わった人間だという何かが、彼の言説には備わっているのだろうか。

歴史についてカーが展開した議論は、これまでも繰り返し検討されてきた。そのいくつかには、以下の本論でも触れている。しかし、それらの試みも、多くは、次の問いに答えることがない——カーにとって、人間と社会のあり方を考える手段はなぜ、歴史でなければならなかったのか。

本章で展開しているのは、この問いをめぐる試論である。ただ、あくまで試論である。小論には、この問いに明快な解を与える紙幅もないし、それを為す能力も筆者にない。以下の考察は、これまで注目されてこなかった文脈からカーを眺め、この問いの周りを旋回するにとどまっている。ただ、そうすることによって、彼の思索を新たな読みへと開く糸口くらいは、提示できているのではないかと思う。

次節では、『歴史とは何か』を手掛かりに、歴史をめぐるカーの捉え方を整理する。続いて、そこで確認されたカーの視座が持つ意味を、同時代の文脈から考えていく。そうしてカーの思惟様式が示す特徴と歴史性を浮かびあがらせた後は、その今日的な意味について、若干の検討を加える。

二　カーの歴史観

カーの言説がもし、つねに何か歴史（学）的と呼ぶべき性質を帯びていたとすれば、歴史に対する彼の向き合い方を問う始点は、いずれの著作でもよいのかもしれない。ただ、この推察の当否がどうであれ、『歴史とは何か』は、その古典としての地位に鑑みても、注目に値すると言えよう。歴史に対するカーの考え方をつかみとるにあたり、同書には、その出発点として相応しいだけの知見が、含まれているように思われる。

その『歴史とは何か』について、最もよく知られているのは、「現在と過去の尽きることのない対話」（Carr 1961, p. 24／邦訳四〇頁）という表現だろう。この言葉はしばしば、彼の相対主義的な視座を要約したものとされてきた。同時代の代表的な批判者I・バーリンに言わせると、カーが語る歴史とは、そのときどきの現在まで生き延びてきたところの、（政治的・経済的・文化的）強者による物語に過ぎない（Berlin 1962）。

ただ、仮に執筆者本人の意図などというものを持ちだしてもよいなら、カーの知的営みを貫いていたのは、相対主義批判の方だったと思われる。文筆活動を開始したばかりの一九三〇年代初頭、早くも彼は、既存の伝統的な価値観に否を突きつけるジョイスやロレンスの文学を槍玉に挙げていた。そこから、彼は、母国イギリスに蔓延する――絶対的なものなどもはやないという――虚無主義を克服しようとしていたのである（Hallett 1930）。その彼が死の間際に立ち戻ったのも、やはり同じテーマだった。晩年に『歴史とは何か』第二版の序文を用意していた際、カーがことさらに労力を割いたのは、T・S・エリオットやカフカが示していた同様の精神への批判であった（Davies 2001, pp. lxxiv–lxxv）。

カーは相対主義者か否か。以下、本節では、この問題を軸として、『歴史とは何か』をひもといてみたい（本節のより詳しい内容については、西村 二〇一五を参照）。

（一）客観的基準の模索

先にも触れたように、「現代と過去の尽きることのない対話」という言葉はよく知られている。ただ、この言葉は、かなりの程度まで、独り歩きをしてもきた。この言葉は、そもそも、どのような文脈において発せられたものだったただろうか。

その初出は、第一章「歴史家と事実」の末尾である。この章において、カーは確かに、相対主義者然とした顔も見せる。その序盤から、「事実というのは、歴史家が呼びかけたときにだけ語る」（Carr 1961, p. 5／邦訳八頁）といった主張がある。作品をひもといて早々に、こうした文言に行き当たると、著者が客観性なるものに懐疑的と映るのも無理はない。

しかし、カーが説いているのは、歴史は好き勝手に描きうるなどということではない。どの出来事が歴史として書き残されるべきか、自動的に決定してくれる基準などはない。にもかかわらず、事実は取捨選択しなければならない。問題の核にあるのは、この緊張関係なのである。カーの見る歴史家は、現在と過去のあいだで股裂きになっている。その立場が「窮境」（Carr 1961, p. 24／邦訳三九頁）と言い表されているところに、この点は鮮明だろう。

ところで、そうした宙吊りの状態は、「人間の本性のひとつの反映」（Carr 1961, p. 24／邦訳三九頁）だともされる。事実、原子のように確と独立した個人などいない。「社会が先か個人が先かという問題」も、「鶏と卵の問題のようなもの」（Carr 1961, p. 25／邦訳四一頁）である。ひるがえって、「現在と過去の尽きることのない対話」とは、「抽象的な隔絶された個人のあいだの対話ではなく、今日の社会と昨日の社会とのあいだの対話」（Carr 1961, p. 49／邦訳七八頁）である。歴史家の営みには、人間という存在の抱える不安定さが凝縮されている。

歴史を科学の一種と説く、やはりよく知られた議論は、この一連の考えを掘り下げたものと言える。というのも、その主張の意味するところは、経験を超えでるいかなる観念に対しても、歴史は従属などしない、ということだからである。

解釈の産物である以上、歴史にはつねに、価値判断が伴う。ただ、その際、事実を解釈する主観は、他者とともにある。ある事象を語られるべき歴史へと変えるのは、何らかの絶対的基準ではない。善悪の観念ですら、この世界を超えたところにはない。「これらの絶対的で歴史の外にあるとされる価値基準を吟味していくと、それらもまた実は歴史に根ざしたものであることがわかる」（Carr 1961, p. 78／邦訳一二二頁）のである。ひるがえって、「歴史から切り離された抽象的な基準や価値というのは、抽象的な個人と全く同様の幻想」（Carr 1961, p. 78／邦訳一二二頁）に過ぎない。

こうして、カーの言う歴史は、孤絶した主観がほしいままに紡ぎだす代物ではない。ただ、以上の議論からすると、それはなお、ときどきの現在から編まれるものでしかないようにも見える。結局のところ、歴史は、ある時代のある集団にしか意味を持たないものなのだろうか。あるいは、その大元を成す人間の生も、その場その場を刹那的に経ていくに過ぎないものなのだろうか。

この疑念を退けるようにして、理性と目的が持ちだされることとなる。「私たちがある説明を合理的とし、他の説明を合理的でないとしたとき、私たちはある目的に役立った説明とそうでなかった説明とを区別していたのだと思います」（Carr 1961, p. 100／邦訳一五七頁）。過去の出来事が因果関係を持つ連鎖だと――科学的に――捉えられるとき、個々の事象のつながりは、目的という主軸に支えられているわけである。

ただ、これだと今度は、安直な進歩主義ではないのか。カーも結局は、黙示録的な決定論を忍び込ませ、観念の世界へと逃げ込んでしまったのだろうか。

この批判を封じようとしたのか、ここで問題となる進歩の概念にもまた、一定の留保が付される。「私たちがそこへと向かっていって初めて明らかにされうるような、その妥当性はそこへ到達する過程のなかでのみ検証されうるような、そうしたゴールへと向かう、限りない進歩〔……〕の可能性で、私は満足しようと思います」（Carr 1961, p. 113／邦訳一七七頁）。基準として持ち込まれた目的もやはり、この世界の内から立ち現れるというわけである。ここに至って、「現代と過去の尽きることのない対話」は、再び言い改められることとなるだろう。つまり、それは、「過去の諸出来事と漸進的に現れてくる未来の諸目的との対話」に取って代わられるのである（Carr 1961, p. 118／邦訳一八四頁）。

(二) 理性の到達点としての歴史

以上、歴史というものに対するカーの捉え方を概観した。この粗描からも、彼が進んで相対主義者たろうとしたのでない様子は、見てとることができるだろう。テクストから判断する限り、彼はむしろ、そうなるまいと苦心していたように解される。

では、実際にカーは、相対主義を脱しえたのだろうか。それはたしかに、怪しいと言わざるをえない。漸進的に現れてくるという諸目的の、その土台を成すものが何かは、極めて不明確である。未来と目的という概念も、客観的基準としては不安定に過ぎる。あるいは、それゆえに、絶対的なもののごとく表象されてしまう危険もあるかもしれない。歴史学でも、カーはしばしば、実証主義とポスト構造主義の両方から批判されてきた（Jenkins 1995, ch. 2）。この事実こそは、彼の議論の難点をありありと示している。

ただ、本章の目的は、カーの論理が持つ穴を突き崩すことではない。目下問うべきは、歴史をこのように捉える所作の、その意味である。

差しあたり、以上において、歴史とは何かをめぐる思索が、人間およびその共同体の行方に関わっている様子はうかがい知れる。カーにとっての歴史は、それ自体として意義深い知的な活動だとか、定式化して伝達することの難しい教養知をえる手段なのだとかいう理由で、その価値が確証される代物ではない。少なくともそれ以上に、人々が進むべき将来を見据え、いまここにある社会を問いなおす、そのための実践的な方途だった。

しかもそれは、実のところ、ほとんど唯一の方途ですらあった。『歴史とは何か』に込められているカーの同時代認識を追うことで、この点は浮き彫りになってくるだろう。

そもそも作品冒頭を飾るのが、一八九六年のアクトンと一九五七年のクラークである。前者には、事実を積み重ねていくことでいずれ完成される、そういった類の歴史があった。他方、後者にとっての歴史は、絶えず塗り替えられていく解釈の実践であった。ここまで検討してきたところからすると、カーが同時代のクラークを支持しているのは明らかだろう。それも当然である。両者の違いは、彼の見るところ、それぞれの時代の「社会に対する見方全体」を反映していたのだから（Carr 1961, p. 2／邦訳三頁）。

歴史を科学とする主張から、カーが経験の世界に拘った様子は上で確認した。それもまた、この同じ時代認識に基づいてのことだったと言える。そこで退けられるべき超越的な観念に依拠した歴史、それこそはまさに一九世紀の史家たちの歴史だったからである。

当時の支配的な精神風土は、自由放任の理念によく象徴されている。この観念のもと、外から差し伸べられる「神の手」に従って、世界は自然調和的に発展していくとされた。一九世紀の歴史家を評するカーは、その言葉に宗教的な含みを込めるのも厭わない。「歴史家たちは〔……〕裸のままで恥ずかしいとも思わずに歴史の神の前に立ち、エデンの園を歩いていたのです」（Carr 1961, p. 14／邦訳二三頁）。だが、牧歌的な時代は終わった。「それから後、私たちは罪を知り、堕落を経験しました」（Carr 1961, p. 14／邦訳二三―二四頁）。そこで、先の事実論である。「それでは、二〇世紀の半ばにおいては、歴史家の彼の事実に対する義務をどう規定したらよいのでしょうか」（Carr 1961, p. 22／邦訳三六頁、傍点は引用者）。

客観的叙述はいかに成立しうるのか、という問いは、神なき時代としての現代、という認識を背景に据えている。作品終章まで至りつけば、理性というあの鍵概念にしても、同じ歴史認識に根を有していることが明らかになるだろう。いわく、「歴史とは、人間が自身の理性を働かせ、環境を理解し環境に働きかけようとする、長い奮闘のことなのです。現代はこの奮闘を革命的なやり方で広げました。いまや人間は、彼の環境だけではなく彼自身に対してまで、理解し働きかけようとしているのです」（Carr 1961, p. 129／邦訳二〇〇—二〇一頁）。理性が客観性を担保するというのも、カーが見たところの同時代にこそ成立する認識なのである。それは、それ自体として歴史的な、解釈の産物である。

三　カーの歴史性

二〇世紀、世界は絶対的観念の魔術から解き放たれた。しかし、そこに訪れたのは、相対主義などではなかった。代わりに到来した（すべきだった）のは、理性の勝利だった。この理性の光を借りながら、人間たち自身が書いては書き改めていく営み——それこそがカーの見た歴史だった。

では、こうした認識は、どこまでカー個人のものだっただろうか。本人の理解に沿うならば、彼自身もまた、同時代の社会の一部だったはずである。だとすれば、以上の歴史像を提示したカーは、そうすることによって、同時代人が持つ世界像——の必ずしもマイナーではないひとつ——を明らかにしようともしていたはずである。彼が歴史を通じて見ようとしたところの現実は、どのような現実だったのか。どのような現実だったからこそ、歴史という営みが、かくも重要であったのか。

そこで、文脈に目が向けられねばならない。とはいえ、予告しておいたように、この点をめぐる十全な検討は、本論の射程を超える。以下では、彼が同時代の世界に占めうる位置を、いくらか自由に推し量っていくことで、より多様な解釈の進展に向けた材料を提示するにとどめたい。ただ、そのうえでも、本章では、ある一つの道筋に特に焦点を絞る。[1]そこで示されるのは、現実を捉えるには歴史に取り組まねばならないという時間意識が、一国家を超えた世界を眺めねばならないという空間意識と、カーの内側でつながっていた可能性である。

（一）歴史主義に臨んで

繰り返すように、カーは、自身の生きる二〇世紀においてこそ、歴史が現実へ迫る科学的な手段であると捉えた。この認識が持つ意味を同時代の文脈から読み解くうえで、まずは最も直接的に比較の対象になると思われる歴史哲学上の議論を見よう。結論から言うと、当時、根底においてカーのものと似たところのある考え方は、ある程度の広さにわたって認められるものだった。

同じイギリスで、近い世代の歴史家へ視線を遣れば、『歴史とは何か』でも肯定的に触れられているR・G・コリングウッドは、真っ先に目に入れるべきところだろう。人間精神が自己を認識しようとする営みを、ヨーロッパ思想史に辿った彼は、啓蒙近代の自然科学ではその達成が成しえないのだと示唆する。そのうえで、彼は、「今日の世界で歴史が占める位置は、ロックの時代に物理学が占めた位置に類似する」と言う（Collingwood 1946, p. 209／邦訳二二四―二二五頁）。コリングウッドにおいても、歴史は、人間が理性で世界を把握する試みの一到達地であり、自然科学が欠いているものを提供する位置にあったわけである。『歴史の観念』の著者は、実に、『自然の観念』の著者でもあった。

H・バターフィールドも、この文脈で言及されてよい。あらゆる価値基準を歴史に根差したものとするカーにとって、バターフィールドはそれゆえに、攻撃の対象になりはする。一方で、実証こそが歴史家の仕事だとは、バターフィールドも言っている。ただ同時に、歴史そのものは神の摂理が動かしている可能性を、彼は留保しもする。抽象的な思考を退ける姿勢として、カーに言わせると、それは不徹底だというわけである（Carr 1961, p. 69／邦訳一〇七―一〇八頁）。

しかし、裏を返すなら、バターフィールドもまた、歴史家が描く歴史を超越的な観念に回収させまいとはしていた。歴史が個々の出来事の総和にとどまらず、独特のうねりを備えたものであるというのは、バターフィールドも繰り返し説いたところである。たとえば国制にしても、「たんに人間や党派が作りだしたものではなく、歴史の産物である」というのが、彼の見立てだった（Butterfield 1931, p. 41／邦訳四九頁）。ただ、そうした歴史の、その全体なるものは、神ならざる人間には知りえない。したがって、「どの時代も、おのおのの歴史をまた改めて書かなければならないだろう」（Butterfield 1931, p. 92／邦訳九九頁）。個々の人間の活動を越えた歴史なるものがあるとしても、ただ人間が人間の世界を理解するためにできるのは、その見えざる何かを不断に探求することのみだというわけである。そして、その歴史は、生物学といった自然科学の作法で解明することができない。「過去を研究する者が人間の世界を別個なものとして見るのをやめてしまえば――人間関係の世界を自然や動物の王国の向こうを張るものと見るのをやめてしまえば――私たちが歴史と捉えるようになったところのものは消え去ってしまうことだろう」（Butterfield 1949, p. 7）。こうしてバターフィールドもまた、この世界を知るための一科学として、歴史を捉えていたのである。

(二)「二つの文化」のなかで

歴史のあり方に関して、共鳴の対象であったコリングウッドとも、批判の的であったバターフィールドとも、カーは基礎となる土台を共有していた。『歴史とは何か』でも言及のあるマイネッケは、『歴史主義の成立』（一九三六）でこう述べる（Meinecke 1959, S. 2／邦訳五頁）。

歴史主義の核心は、さまざまの歴史的＝人間的な力を、一般化的にではなく個性化的に考察することにある。もちろんこれは歴史主義が今後人間生活の一般的法則性や類型化を追求することをやめる、ということではない。歴史主義は自らこのような追及を行い、それを個別的なものへの感覚と融合させねばならない。歴史主義が呼びおこしたのは、個別的なものに対するこの新しい感覚であった。

近代自然科学で捉えきれない領域をなお理性的に探る固有な方法として歴史を見る点、彼らにはいずれも、ここで言われている歴史主義的な感覚が認められるように思われる。

とはいえ、カー、コリングウッド、バターフィールドの三者を歴史主義者と一括することで、何かしらの知見をえたなどと言えば、思想史解釈としては粗雑に過ぎるだろう。教科書的な図式に沿うと、歴史主義とは、近代歴史学の源流を成す思潮ですらある。そのような史学史の理解に今日なお一定の妥当性があるとすれば、一般に歴史家とされてきたカーにも影響が見られたとして、目を惹く点は特にない。

ただ、この歴史主義という語に象徴されている感覚は、歴史学の科学性をめぐって、イギリスでも独自に展開された動きへと目を向ける、その契機にはなりうるように思われる。「二つの文化」論争へと至る流れが、それである。引き続きカーの位置付けを考えていくうえで、次にこの題材を取りあげてみよう。

よく知られているように、この論争は、作家兼科学者のC・P・スノーによる『二つの文化』（一九五九年）が発端である。いわく、現代（西欧）の知的文化は、科学か文芸（的教養）かという二項対立に呑まれている。そして、そのことが、さまざまな社会問題の解決を阻んでいる。この主張を受けて、批評家のF・

R・リーヴィスが、文芸に固有な価値を擁護し始める。

その侮蔑的な表現も相まってスキャンダラスな性格を帯びたこの論戦は、同時に人文的手法対科学的手法の典型とも捉えられることで、世界中に知れわたるところとなった。ただ、その背景には、イギリス文化史上に固有の流れがあった。最初に対立軸を据えたのは、一九世紀のT・ハックスリーとM・アーノルドだった。二〇世紀に入ると、専門分野として独立性を高めつつあった歴史学のなかにおいて、J・B・ビュアリとG・M・トレヴェリアンが同様に見解を違えるに至る。そこから『歴史とは何か』が書かれた同世紀の半ばまで下ると、スノーとリーヴィスが現れてくるわけである（Collini 1998, pp. ix-xvii／邦訳一二三―一三〇頁）。

この一連の論争は、いずれも、歴史に関わる思惟が社会に持つ意義を質すものであった。科学か文芸かという問いは、世界に冠たる帝国を成していたイギリスにおいて、社会・学問の専門化――科学の発展――が国家の盛衰とどう結びつくかに照準していた。その意味では、国際的な環境がイギリスの地位を変化させてきたという文脈を基礎に、社会の来し方行く末を問うた歴史論争でもあったのである。ケンブリッジ学派歴史学の先駆けとされるP・ラズレットなどは、この論争を契機として、スノーを自身の社会史プロジェクトに招き入れすらした（Ortolano 2009, esp. ch. 4／邦訳第四章）。

カーもまた、歴史の科学性を説くことで、歴史こそがまさに現実を知る術であるとしていた。その彼が、歴史と社会の関係をめぐる自国の論争に無頓着だったとは想像しがたい。事実、『歴史とは何か』執筆の時点において、カーは、「二つの文化」論争を知っていた。歴史が科学であることを主張するまさにそのなかで、彼はスノーに言及し、「文学的インテリ」が歴史家足りえないと述べていた（Carr 1961, p. 80／邦訳一二五頁）。

とはいえ、「二つの文化」論争についても、カーはいま述べた程度にしか触れていない。この論争との関わりについても、掘り下げて検討する余地は、おそらくさほど大きくはないだろう。ただ、「二つの文化」論争が歴史と国際の両方を問うていたことは、当時の精神風土を考えるうえで、注目されてよいように思われる。この論争を否応なく連想させるテーマを軸に、歴史と社会の関係を論じていたカーもまた、国際社会のあり方を問う知識人であった。これは単なる偶然なのだろうか。

一九〇五年生まれのスノーと一八九二年生まれのカーとは、世代の面でもそれほどかけ離れてはいない。カーが著述活動を開始したのと同じ一九三〇年代に、スノーも自身の思想形成を図っていた（Collini 1998, pp. xxii-xxix／邦訳一三〇—一三五頁）。論敵だったリーヴィスの方も、生まれたのは一八九五年で、批評誌『スクルーティニー』の編集者として活躍したのは、やはり一九三〇年代からであった（Hilliard 2012を参照）。一九〇〇年生まれのバターフィールドもまた、この雑誌に寄稿したことがあった。彼もカー同様、歴史学者にして国際政治学者であった。

（三）世界史の時代に

これらの事実を横目に、より広い文脈も見てみよう。すると、いま触れた人々を繋いでいる時代の、ひとつの特徴が浮かびあがってくる。世紀末から二度の大戦へという時期は、歴史なるものを国際的な次元で人々に意識させ始めた時代でもあったのである。

一九世紀の半ばにはすでに、ダーウィンの進化論が、歴史の自律性に関する新たな認識を切り拓いていた。前後する時期、一学術分野としての歴史学も、研究手続きを厳格化させつつあった。そこから一次大戦期にかけての社会の急速な変化は、過去に対する関心をなお一層高めていった。蓄音機と映画の発明は、より鮮明な記録を可能にし、普及を始めていたカメラをめぐっては、各国で写真協会が生まれた（Kern 1983, ch. 2

／邦訳第二章）。

こうして均質な時間が日常の生活を侵食していくと、私的な時間の回復を目指す実存的な格闘も生まれる。早くはニーチェに始まり、フロイト、ベルクソンからジョイスにまで見られた試みがそれである（例えば、Randall 2007）。そうして思想的な問いの題材となった時間は、国境横断的な性質も帯びていた。というのも、計量可能な時間とは、近代資本主義下の高度に産業化された社会で――どこへ行っても同じ商品で溢れかえった複製技術の時代に――生きられた時間だったからである（Harootunian 2000）。

世界が連動しつつ抗いがたい力で流転していくという感覚は、政治経済上の目を惹く事象を通じても培われていった。その名が示すごとく、第一次世界大戦は、それ自体が世界史的な広がりを持つ事件だった。国境に囚われず労働者の団結を呼びかけた共産主義は、各国へ波及して、少なくともいくつかの政党組織を創設せしめた。その脇では、ニューヨーク金融市場の混乱も国境を越えて、世界恐慌と呼ばれる事態を引き起こしていた。

こうした動きは、学問分野としての歴史学にも、影響を与えていた。一国史の偏重はいまや、大戦の一因たるナショナリズムの問題と切り離せなくなったのである。実際、それまで憲政史に関心を集中させていたイギリスの史家たちですら、国際関係史に目を向けるようになった（Parker 1990, ch. 5. Butterfield 1955, pp. 26-27も参照）。そこからは、グローバル・ヒストリーの先駆を成す著作まで生みだされることとなるだろう。H・G・ウェルズ『世界史の概略』（一九一九～一九二〇年）やA・J・トインビー『歴史の研究』（一九三四～一九六一年）は、その代表的な例である（Crossley 2008, ch. 1／邦訳第一章。Stevenson 2014も参照）。

四　現実の探りあて方

カーが思索を開始していたころ、彼が捉えようとしていた現実は、流れゆく時間において理解されるべきものと化していた。と同時に、その現実は、空間的にもまた、地球の全体を見据えて捉えられるべきものへと広がりつつあった。

国際連盟の発想は、カントの永久平和論に起源を求められることが多い。その連盟が次第に限界を露呈していった、あの国際関係史上の流れに引きつけて言えば、二〇世紀の前半とは、否を突きつけられていく普遍的理想を傍目に、事物が世界史的に鳴動していった時期だとも表現しうるだろう（高坂 二〇一四、一七七頁）。ヘーゲルやマルクスへの傾倒も指摘されるカーである。世界が止むことのない変動のもとに捉えられざるをえなくなってきたまさにその時期に、彼は、歴史を通じて、（国際）社会のあり方を論じ始めたのであった。カーにとっては、歴史こそが現実を捉える手段であったとして、そこで彼が見ようとした現実は、世界大の規模で展開されているものでもあった。

以上の推論は、多分に連想的であり、一仮説以上のものを導きだしたとは言いえない。差し当たって、ここでは、現実‐歴史‐国際というこの連関について、カー自身が自覚的であったと考えられる傍証一点のみを補足しておこう。

注目されるのは、彼の叙述作法である。思想史、社会史、文化史といった歴史学の細目は、相互に区別することがしばしば困難ではある。そのうえで、カーの書いたものには、そのどれにもあてはめにくい傾向がとりわけ顕著に見られる。この点について、本人が触れたのが、晩年のQ・スキナー宛書簡である。そして、その語りは、個人と社会の不可分性という、『歴史とは何か』に見られたあの認識を追認するものともなっている。

政治史、憲政史、経済史、軍事史、外交史、科学史、農業史、美術史、観念史などなどは、まごうことなく歴史の固有な分野です。ただ、それらを、その扱っている社会のあり方から切り離して研究することはできません。スターリン、トロツキー、ブハーリンの闘争についてロシア小作農社会の構造に関するいくらかの理解もなくして、あるいはロックの考えについてそれが影響力を持った社会の多くを知らずして、知的に書くなどということはできないのです。社会史は基盤です。ただ、基盤のみを研究しても十分ではありませんし退屈です。これがアナール派に起こったことかもしれません。けれども、社会史なしでは済ませられないのです。(Letter to Quentin Skinner, 22 May 1974, E. H. Carr Papers, Box 27)

書簡ではこの後、歴史学が歴史学たる所以は、過去を研究しているただ一点にのみ存するとの言葉も続くだろう（Haslam 1999, pp. 214-215／邦訳三一六―三一八頁も参照）。

歴史を語る際、カーは一方で、特定の人物に着目した。ドストエフスキーからマルクスまで、初期の伝記群はもちろん、評論集『革命の研究』（一九五〇年）などからも、この点はうかがうことができる。他方で、国際情勢を中心に、政治・経済の具体的な展開を追った著作も彼は遺した。概説的な作品とはいえ、『平和条約以降の国際関係』（一九三七年）とその改訂版の『両大戦間における国際関係史』（一九四七年）、あるいは、『ブリテン』（一九三九年）がこれにあたる。そして、残る大半の著作では、これら両方の要素が組み合わされていた。国際政治学からも関心を集めてきた、『危機の二十年』（一九三九年）、『平和の条件』（一九四二年)、『ナショナリズムの発展』(一九四五年)あたりは、その好例と言えよう。以上の著作においては、A・スミスから功利主義者を経てマルクスへと至る思想史の流れが粗描されると同時に、政治・経済の動向も国内外両方の次元で触れられている。ライフワークだったあのソヴィエト史こそは、同じ型の思索が至りついた、その帰結に他ならないとも言いうる。

批判的ながらに、国民国家こそを同時代に共同体がとる基本的な形と見たカーは、その内部の特質を追いつつ、それら相互の関係を考察した。そのなかで、彼は、政治・経済の展開から文芸・思想の潮流までを、包括的に検討しようとした。そうして、彼の描きだした歴史は、世界の全体を含み込み始めた現実に対応するかのごとく、文明史ないし——アナールとは違う意味での——全体史と呼ぶべき性質を帯びた。

カーは国際政治学者でもあり歴史家でもあった、などという言い方は、およそ不正確なのだと思われる。現実がいかにつかみうるものかを問い続けるなかで、時代の胎動に導かれるようにして歴史へと行き着き、そのやはり半ば必然的な帰結として一国を越えた世界を語った——カーとはそういう知識人だったのだと言う方が、おそらく適切なのではないか。

五　おわりに

カーが歴史と向き合うとき、そこにはつねに、経験的なものと観念的なものとの緊張関係があった。宗教的な信仰でもって、社会の完成を望みうる時代は終わった。すべてが人為に託された世にあって、歴史こそが世界に接近する方途である。抽象的な観念への逃避は、今やもう許されない。民族の血の伝統を持ちだすナチズムによって、歴史という語までが歴史の生成を忘れる術たりえていた時代、そうした逃避の帰結は、大規模な政治的災厄をも伴いうるものであった。同じ二〇世紀の半ば、全体主義批判の急先鋒にいたポパーが、歴史を超越的観念へと還元する歴史法則主義（historicism）の批判者でもあったことは、よく知られているところである。

現実などそこにあるのだから、自ずと瞳に映り込むものとも思われる。しかし、カーに言わせれば、そうではない。ついつい易きに流れ、観念に惑わされがちな人間にとって、現実とはむしろ、気を緩めれば簡単に見過ごしてしまう代物なのである。

では、カー自身、アイデアリズム（観念論／理想主義）を峻拒する現実主義者たり続けられただろうか。おそらく、その企図は完遂されなかった。先立つ世代の思惟様式を彼が退けるとき、その筆はときに、文明の停滞、あるいは衰退をまで唱え立て、退廃的な色彩も帯びた。しかし、彼はなお進歩を信じ、相対主義からは距離をとろうとした。そこでは、彼自身もまた、超越的なものを持ちださざるをえなかった。無軌道な生成にその身を置き続けるというのは、彼の見るところ、人間とその社会が耐えうる所作ではなかった。

カーの思索は、たしかに不十分ではあった。ポスト構造主義の洗礼も経て久しい今日、そのような評価はほとんど疑うべくもない。歴史主義との対決を経た彼は、しかしその歴史主義が退けようとした意味での普遍史へ後退していくこととなった。

ただ、この蹉跌の根底にあったのは、彼に進歩なるものを持ちださせた、歴史そのものの難しさでもあるだろう。世界を捉える術として君臨した歴史は、それだけ容易に、絶対的な観念へと化しうる。人が歴史なるものを持ちだして、現実をつかみとろうと足掻いているそのとき、運命の女神は、すぐ側まで忍び寄ってきている（宇野 二〇一五も参照）。歴史のなかに生きることを選んだカーは、けれどもその歴史を内在的に克服しようとし、そして失敗したと言えるかもしれない。

今日の私たちが、カーに知的な関心を掻き立てられるとすれば、その理由の少なくともひとつは、彼と比較可能な程度には近しい問題意識を持つから、というものであるだろう。世界が構造的な次元で変動のなかにあり、先行きが見通しづらい時代だといった言葉は、陳腐なほどに繰り返されてきた。そうした時世にあって、長期的な視野で現在を読み解く意義も改めて唱えられている。さらには、そのような歴史感覚自体の意味を問う動きも見られる（cf. Davenport 2016）。観念（理論）と経験（実践）のあいだに超えがたい隔たりがあるなかで、絶えざる生成こそが現実を跡づけているという感覚。そうして捉えられた歴史もまた、この世界を基礎づける原理として絶対的なものと化すジレンマ。しかし、では、その歴史から観念に遊離することなくいかに逃れうるのかという葛藤。現実の捉え方をめぐるカーの苦闘は、政治・経済から思想・文化にまで世界大に広がる不透明さのもと、その今日性を新たにしているように思われる。

付記
本章の執筆に際し、英国バーミンガム大学図書館所蔵のE・H・カー文書（E. H. Carr Papers, University of Birmingham, Special Collections）を使用した。なお、本章は科研費に基づく研究（若手研究（B）16K17066および基盤研究（C）16K03534）の成果の一部である。

注

（1）　したがって、K・マンハイムからD・ベルへ連なる「イデオロギーの終焉」論の系譜、さらにその背景を成す冷戦期西側の政治文化との関係など、以上の議論から想起されやすいと思われる文脈について、本章で追うことはしなかった。この点について考えるうえでは、本書の特に第一章と第五章を参照されたい。

参考文献

宇野邦一　二〇一五『反歴史論』講談社。

高坂史郎　二〇一四『東アジアの思想対話』ぺりかん社。

西村邦行　二〇一五「世界にとどまる――E・H・カー『歴史とは何か』の政治思想」『北海道教育大学紀要 人文科学・社会科学編』六五巻二号、一三―二八頁。

Berlin, Isaiah　1962 "Mr. Carr's Big Battalions", *New Statesman* (5 January), pp. 15-16.

Burrow, John W. 2007 *A History of Histories: Epics, Chronicles, Romances and Inquiries from Herodotus and Thucydides to the Twentieth Century*, Allen Lane.

Butterfield, Herbert　1931 *The Whig Interpretation of History*, G. Bell and Sons.（越智武臣ほか訳『ウィッグ史観批判――現代歴史学の反省』未來社、一九六七年）

――――　1949 *Christianity and History*, G. Bell and Sons.

――――　1955 *The Historical Association 1906-1956*, George Philip and Son.

Carr, E. H.　1961 *What is History?*, Macmillan.（清水幾太郎訳『歴史とは何か』岩波新書、岩波書店、一九六二年）

Collingwood, R. G.　1946 *The Idea of History*, Clarendon Press.（小松茂夫・三浦修訳『歴史の観念』紀伊国屋書店、一九七〇年）

Collini, Stephan　1998 "Introduction" in C. P. Snow, *The Two Cultures*, Cambridge University Press, pp. vii-lxxi.（松井巻之助訳「解説」、C・P・スノー『二つの文化と科学革命』みすず書房、二〇一一年、一一九～一九二頁）

Crossley, Pamela Kyle　2008 *What is Global History?*, Polity.（佐藤彰一訳『グローバル・ヒストリーとは何か』岩波書店、二〇一二年）

Davenport, Andrew　2016 “The International and the Limits of History”, *Review of International Studies,* 42(2), pp. 247–265.

Davies, R. W.　2001 “From E. H. Carr’s Files: Notes towards a Second Edition of What is History?” in E. H. Carr, *What is History?,* Palgrave Macmillan, pp.lv–lxxxiv.

Hallett, John　1930 “England Adrift”, *Fortnightly Review,* 128, pp. 354–362.

Haslam, Jonathan　1999 *The Vices of Integrity: E. H. Carr, 1892–1982,* Verso.（角田史幸・川口良・中島理暁訳『誠実という悪徳――E・H・カー1892–1982』現代思潮新社、二〇〇七年）

Harootunian, Harry D.　2000 *History’s Disquiet: Modernity, Cultural Practice, and the Question of Everyday Life,* Columbia University Press.（樹本健訳『歴史の不穏――近代、文化的実践、日常生活という問題』こぶし書房、二〇一一年）

Hilliard, Christopher　2012 *English as a Vocation: The ‘Scrutiny’ Movement,* Oxford University Press.

Jenkins, Keith　1995 *On ‘What is History?’: From Carr and Elton to Rorty and White,* Routledge.

Kern, Stephen　1983 *The Culture of Time and Space, 1880-1918,* Harvard University Press.（浅野敏夫訳『時間の文化史――時間と空間の文化1880–1918上巻』法政大学出版局、一九九三年、浅野敏夫・久郷丈夫訳『空間の文化史――時間と空間の文化 1880–1918 下巻』法政大学出版会、一九九三年）

Meinecke, Friedrich　1959 *Die Entstehung des Historismus,* R. Oldenbourg.（菊盛英夫・麻生建訳『歴史主義の成立（上・下）』筑摩書房、一九六七年）

Ortolano, Guy　2009 *The Two Cultures Controversy: Science, Literature and Cultural Politics in Postwar Britain,* Cambridge University Press.（増田珠子訳『「二つの文化」論争――戦後英国の科学・文学・文化政策』みすず書房、二〇一九年）

Parker, Christopher　1990 *The English Historical Tradition since 1850,* John Donald.

Randall, Bryony　2007 *Modernism, Daily Time and Everyday Life*, Cambridge University Press.
Stevenson, David　2014 "Learning from the Past: The Relevance of International History", *International Affairs*, 90 (1), pp. 5–22.

第Ⅲ部　カーと現代

第七章　E・H・カーの誘い

――「リベラルな国際秩序」を超えた世界秩序へ

三牧聖子

一　はじめに

ドナルド・トランプ政権の四年間で、アメリカと国際秩序との関係は、大きな転換を迎えることになった。二〇一七年一月、第四五代大統領に就任したトランプは、就任演説で次のように語った。

何十年も前から私たちは、アメリカの産業を犠牲にして外国の産業を豊かにしてきました。この国の軍隊が悲しくも消耗していくのを許しながら、外国の軍隊を援助してきました。自分たちの国境防衛を拒否しつつも、外国の国境を守ってきました。そしてアメリカのインフラが荒廃し衰退する一方で、海外では何兆もの金を使ってきました。我々は、この国の富と力と自信が地平線の向こうで衰退していく間に、よその国々を金持ちにしてきたのです。〔……〕しかしそれは過去のことです。…今日から今後は、ただひたすら「アメリカ第一、アメリカ第一」です。(1)

こうしてトランプ政権は、アメリカは国際秩序の「恩恵的」な盟主として他国に「与えすぎてきた」という認識のもと、「アメリカ第一主義」を掲げ、TPPやパリ協定などの多国間協定から離脱し、国際社会との溝を深めていった。

トランプの「アメリカ第一」の外交方針に対し、痛烈な反対を表明してきたのが、「リベラルな国際秩序（Liberal International Order）」の擁護者たちだ（Chaudoin et al., 2017）。その代表的な論客、ジョン・アイケンベリーによれば、この理想的な国際秩序像は、第一次世界大戦の戦時指導を担ったウッドロー・ウィルソン第二八代大統領によって最初に掲げられ、国際連盟に結実した。そして、第二次世界大戦を経て、本格的にアメリカ外交が追求すべき目標とされ、アメリカが国際連合はじめ数々の国際組織や制度、ルールを創設することを促してきた。アイケンベリーは、「恩恵的な盟主」としてのアメリカのリーダーシップのもとで維持・促進されてきた「リベラルな国際秩序」がいかに世界の安定、そして米国の国益を促進してきたかを強調する。そして、「アメリカ第一主義」を掲げて国際的な枠組みやルールに次々と背を向け、単独行動主義を強めるトランプ外交を、「リベラルな国際秩序」を追求してきた米国外交からの重大な逸脱として、厳しく糾弾した（Ikenberry 2017, 2018）。

トランプ外交が、今日の世界秩序に深刻な挑戦を突きつけていることは確かである。しかし、世界秩序の未来は「リベラルな国際秩序」への「回帰」に本当にあるのだろうか。過去数十年の「リベラルな国際秩序」が、アメリカを含む諸国家の利益をうまく調和させた国際秩序であったのであれば、なぜトランプの「アメリカ第一」の主張は、これほどまでにアメリカ国民に共感を生み出しているのだろうか。「リベラルな国際秩序」を支持する人々は、それに背を向ける人々を、感情に囚われ、あるいは、近視眼的に自己の利益を追い求めるために、「リベラルな国際秩序」がもたらす普遍的な利益を理解できない「非合理的」な人々とみなす傾向にあるが、このような知的態度からは、彼らを取り込んだ、真に普遍的な世界秩序への展望は生まれない。世界秩序が動揺する今必要とされるのは、「リベラルな国際秩序」の正しさを力強くうたうことより、むしろ、この美しい言葉で覆われ、見えなくさせられてきた既存の国際秩序の問題点や矛盾を批判的に検討していく態度ではないだろうか。

E・H・カーは大戦間期にあって、この思想的な課題に徹底的に取り組んだ知識人である。第二次世界大戦の勃発直後に上梓された『危機の二十年』（一九三九年）の序文で、カーは執筆の動機について次のように語っている。

> ドイツのナチ支配者を撲滅したとしても、国家社会主義の状況を可能にした諸条件に手をつけないまま和解するということになるなら、それは一九一九年の和解と同じく短命かつ悲劇的なものになる恐れなしとはしないだろう。〔……〕もし次の平和会議が前回の平和会議の愚を繰り返すべきではないとするなら、その会議は国境線を確定することなどよりも、もっと根本的な問題に取り組んでいかなければならないだろう。こうした信念から、私は本書を来るべき平和の創造者たちにあえて捧げたいのである。
>
> （カー 二〇一一、一四頁）

大戦間期の国際秩序が本格的に動揺していくのは、一九三〇年代である。しかしカーは「危機の二〇年」の始点を第一次世界大戦後、新たな国際秩序の骨格が形成された一九一九年のパリ講和会議に据えている。同会議を主導した戦勝国は、そこで構築された「平和」を、従来の権力政治に代わる「革新的」かつ「道義的」な平和と賞賛したが、カーが洞察するところ、その「平和」は多くの矛盾をはらんだ、極めて脆い基礎に立脚したものであり、早晩、崩壊していくはずのものであった。そして実際、わずか二〇年で崩壊することになる。

　カーが『危機の二十年』を執筆した一九三〇年代後半、欧米の政治家や知識人たちは、ドイツや日本の現状打破的な行動を糾弾し、いかにして既存秩序を防衛するかに議論を集中させた。このような知的風潮に抗ってカーは、なぜ欧米諸国にとっては守るべき「平和」が、立場を違えるドイツや日本の人々にとっては、致命的な欠陥を抱えた、悪しき「平和」として批判の対象となっているのかを問い続けた。この問いに向き合わず、単に武力によってドイツや日本を打ち負かし、既存の秩序を防衛することに成功しても、また二〇年前と同じ、戦争の根本原因を残したままの不安定な平和が誕生するだけだという懸念が、カーを『危機の二十年』の執筆へと駆り立てたのである。

　カーがこのような危機の診断から導き出した一つの処方箋が、対独宥和政策であった。この政策的な判断は、当時にあっても、また後世のさまざまな研究者によっても厳しい批判にさらされてきた（Wilson 2004）。カー自身、後に自伝で、国際情勢に関心を寄せるあまり、ドイツの国内事情への注意を怠り、一九三八年のドイツによるオーストラリア併合まで、ヒトラーを深刻な危機と考えたことは一度もなかったと判断の誤りを認めている（カー 二〇〇二、五一―五三頁）。しかし、対独宥和という政策判断上の誤りは、その背後にあった上記の問題意識の意義をも奪ってしまうものではない（山中 二〇〇一）。カーが向き合った問題は、今日の私たちにも通ずるものである。

二　カー対ウッドロー・ウィルソン――「現実主義」対「理想主義」？

『危機の二十年』でカーは、「平和は果たして万人の利益か」という挑発的な問いを提起している。もっともこうした問いは、平和に対するシニシズムからではなく、逆に、見せかけの「平和」を拒絶し、より公正な平和を追求する立場から発されているものである。

同書でカーは、第一次世界大戦後の国際秩序の構築を、理論的にも実践的にも担った英米の政治家や知識人が「共通利益」とうたいあげる「平和」の実態が、いかに大国中心主義的で、不平等なものであるかを糾弾していく。たしかに現状の「平和」は、広大な領土と経済覇権を掌握する英米にとっては尊い「平和」かもしれない。しかし、現今の秩序から十分な利益を受けていないと感じている国家からみれば、不平等で不公正な「平和」でしかない。英米の政治家や知識人が、既存秩序で抑圧された他者の視点を考慮せず、ひたすら現今の「平和」の尊さを説き、神聖視することが、彼らとはまったく異なる境遇に置かれた人々を幻滅させている。このような分析に立脚してカーは次のように結論する。英米の政治家と知識人がうたいあげる「平和」は、自分たちにとって都合のよい国際秩序を神聖化し、劣位の国に押し付ける、強者の「ユートピアニズム」である、と。

カーが偽善的な平和論を振りかざす「ユートピアン」の最たる存在の一人として厳しく批判するのが、第一次世界大戦後の平和構築を主導したアメリカ大統領ウッドロー・ウィルソンである。ウィルソンは戦時中、一四か条の平和原則を発表し、国際平和に向けた諸国家の協力、強国も弱国も等しく安全を享受できる世界を訴え、その実現のために国際連盟の創設を主張した。これらの事実をもって、現代の私たちはウィルソンを、より公正で持続的な平和の実現に向けて、国際政治に新しい原則を持ち込んだ革新的なリベラリスト、そして第二次世界大戦から今日まで続いた「リベラルな国際秩序」の思想的な父とみなしている。

しかし今日広く流布したこのようなイメージとは対照的に、カーが見るウィルソンは、すでに有効性を失った一九世紀的な概念に固執し、さまざまに条件が異なる二〇世紀の国際関係にも適用しようとする誤りをおかした、時代遅れの人物であった。カーのウィルソンへの批判は、その平和構想があまりに革新的なことに対してではなく、むしろ、あまりに守旧的なものであることに向けられていたのである。両者の対立は、国際政治学では「現実主義」と「理想主義」の対立とされてきたが、そのように括ってしまうことで、カーが見出したウィルソンの平和構想の守旧性は見えなくされてきた。カーによるウィルソン批判を理解することは、「リベラルな国際秩序」が、その唱道者たちの認識とは裏腹に、時代遅れの、有効性を喪失した守旧的な平和構想として批判されている今日の思想状況を理解し、新たな世界秩序への構想力を取り戻していく手がかりとなるだろう。

三　「利益調和説」批判

『危機の二十年』においてカーが「ユートピアニズム」と批判する思想は多岐にわたる（ウィルソン 二〇〇二）。しかし、「ユートピア的信条の本質的な要件」（カー 二〇一一、一五七頁）として最大の矛先を向けられているのが「利益調和説」である。カーがウィルソンを批判する最大の理由も、もはや時代遅れとなったはずのこの理論を、標榜し続けていることに向けられていた。カーによれば、「利益調和説」とは次のようなものである。

利益調和説は、当然、富裕特権階級が支持する仮説である。この階級に属する人びとは、共同体において支配的な発言力をもち、したがって、もちろん共同体の利益と彼ら自身の利益を同一とみる傾向がある。これら二つの利益が同一視されると、支配集団の利益を攻撃する人はみな、全共同体の共通利益を攻撃しているのだという非難を浴びせられるのであり、しかもこうした攻撃をすれば、その攻撃者は自身のより高い次元の利益をも損なうことになるのだ、といわれるのである。（カー 二〇一一、一六六頁）

利益調和説とは、富裕特権階級が自分たちの利益のために奉ずる仮説である――カーのこのような主張は、一九世紀イギリス社会の観察に基づいていた。たしかに一九世紀のイギリスは繁栄を極めていた。しかしその繁栄の果実は、国内のすべての階級に等しく分け与えられてはいなかった。この事実を隠蔽するために、政治家たちは「利益調和説」を唱道し、ストライキなどの実力行使を通じ、自らの恵まれない境遇の改善と、より公平な利益分配を訴える労働者を、「調和」を乱すものとして弾圧の対象としたのである。こうした洞察からカーは、「利益調和説」とは、支配階級が階級間の利益の「不調和」を隠蔽し、自らに有利な現状を擁護するために生み出した政治的な言説であると指摘する（カー 二〇一一、一六七―一六八頁）。

さらにカーは、一九世紀イギリスの政治家たちが、「利益調和説」を国際関係にも適用し、同様の欺瞞を行ったと批判する。一九世紀イギリスの政治家たちは、自由貿易はすべての国家に利益をもたらすものであり、保護貿易を遂行する国家は、世界全体の繁栄のみならず、他ならぬ自分たちの繁栄をも損なっていると主張した。しかしカーに言わせれば、このような彼らの「国際的利益調和」の主張は、現行の自由貿易秩序には、イギリスのように巨大な利益を享受している国家と、その恩恵に与っていない国家が存在する事実を隠蔽するものに他ならなかった。世界の大多数の国家からみれば、イギリスが説く「普遍的自由貿易」の主張は、イギリスにとって有利な国際経済秩序を正当化し、維持しようとする詭弁にすぎなかったのである（カー 二〇一一、一六八―一六九頁）。

二〇世紀に入ってようやくヨーロッパでは、階級間の「利益調和」も、自由貿易がもたらす国家間の「利益調和」も、現実から乖離したイデオロギーに過ぎないことが理解され、国内社会でも国際社会でも、衝突しあう利害は人為的に調和されなければならないことが常識となっていった。しかし二〇世紀に入ってもなお、「利益調和説」が広く信じられた国があった。国内市場が拡大を続けていたアメリカである。そのアメリカが、第一次世界大戦を通じて国際政治に本格的に台頭し、ウィルソン大統領が戦後の平和構築を主導したことによって、すでにヨーロッパを含むその他の国々では時代遅れの考えとなっていた「利益調和説」が、国際関係という領域に持ち込まれることになったのである（カー 二〇一一、一一一―一一三頁）。

以上見てきたように、『危機の二十年』において、ウィルソンという人物は、二〇世紀の新たな世界の現実に対応した新しい平和構想を生み出した人物どころか、当の昔に有効性を喪失したはずの一九世紀的な観念を信じ続け、それを二〇世紀の国際関係に適用しようとした時代錯誤な人物として位置付けられている。事実、ウィルソンはその思想形成過程において、ウィリアム・グラッドストン、リチャード・コブデン、ジョン・ブライトといった一九世紀イギリスの自由主義思想に大きな影響を受け、彼らの自由貿易論を素朴に信奉していた。ウィルソンには、「自由競争」の名の下に経済的な障壁を撤廃していくことが、経済的に劣位にある国の経済にいかに大きな打撃を与えうるかという、いわゆる「門戸開放帝国主義」という問題意識が致命的に欠如していた（Levin 1968, pp. 25–26）。

ウィルソンの自由貿易に対する楽観的な信奉は、アメリカ国内でも強国の論理として批判にさらされた。哲学者のジョン・デューイは、当初はウィルソンのイニシアティブによる新しい国際秩序の構築に期待を寄せたが、その平和構想の詳細が明らかになるにつれ、幻滅を深めていった。一九一八年の論説でデューイは、戦後の平和原則の一つとして掲げられた「自由貿易」が現実に適用されれば、経済的な大国も小国も等しく無制限の競争にさらし、両者の格差を拡大することになると強く批判し、持続的な国際平和は、弱国の経済的な利益を保護するような国際経済システムを打ち立てることなしには実現しえないと訴えた。最終的にデューイは、かつてウィルソンへの支持を表明したことを後悔し、連盟の批判者となっていった（Dewey 1918a; 1918b; Westbrook 1991, pp. 235-240）。

四　国際連盟批判

さらにカーによれば、ウィルソンを通じて、「利益調和」論は、国際経済だけでなく、国際安全保障分野にも持ち込まれることになった。すなわち、「すべての国家は平和に同一の利益をもっている」「したがって平和を阻もうとする国家はすべて、理性も道義もないのだ」という「共通利益としての平和」という言説が生み出され、大戦間期の「平和」を語る支配的な言説となったのである（カー 二〇〇一、一一一―一一二頁）。国際連盟もまた、この「共通利益としての平和」という前提に立脚して、それを侵犯者から守るために創設された。

しかしカーに言わせれば、連盟は、すでにこの前提において間違っていた。カーは言う。諸国家は平和に共通の利益など持っていない。広大な領土と経済覇権を掌握する欧米列強は、単に自分たちにとって都合がよい現状を維持しようと「平和」を唱え、現今の秩序から十分な利益を受けていない国家は、「平和」に挑戦する。すなわち、「平和」を支持する者と、それに挑戦する者との間にあるのは、道義的な優越ではなく、現今秩序に対して抱く利害の差異に過ぎない、と（カー 二〇〇一、一六九―一七四頁）。しかし、連盟は、「平和」に対して諸国家が抱く利害の差異を見ようとせず、「平和」に挑戦する国家を一律に「侵略国」として断罪し、強国が既存秩序を神聖化し、より劣位の国に押し付けるための道具として機能してきた。カーはこの点に、連盟が諸国家の普遍的な支持を得られず、一九三〇年代にファシズム諸国の挑戦を受けても、統一的な戦線を提供できなかった根本原因を見出す。カーの分析によれば、国際連盟は、その創設時において誤った前提に立脚していたことにより、失敗を運命付けられた機関であった。

もっとも連盟に「現状」をより公正なものへ変革していくという問題意識がまったくなかったわけではない。連盟規約一九条には、連盟総会の役割の一つとして、現状に適合しなくなった条約や放置した場合に平和の脅威となりうる事態について再審議し、関係国に勧告することを定める文言が盛り込まれていた（一又一九五八）。しかし、ウィルソンが連盟規約全二六条の中で「連盟の心臓」と位置付け、圧倒的に重視したのは、「連盟国は、連盟各国の領土保全及び現在の政治的独立を尊重し、かつ外部の侵略に対し之を擁護することを約す。右侵略の場合又はその脅威若しくは危険ある場合においては、連盟理事会は、本条の義務を履行すべき手段を具申すべし」と、領土保全の原則を規定した一〇条であった（Wilson 1919）。

ウィルソンが連盟の機能として、現状の「変革」よりも、その「保全」を重視していたことは、ウィルソンが、連盟の基本的着想を、モンロー・ドクトリンから得ていたことに鑑みれば、当然の帰結でもあった。モンロー・ドクトリンとは、フランス革命後のヨーロッパに反動的なウィーン体制が成立し、ヨーロッパの旧君主国がアメリカ大陸への干渉姿勢を強めていた一八二三年、第五代アメリカ大統領ジェームズ・モンローが議会へ送った教書の中で述べた原則である。その内容は、合衆国がヨーロッパの事態に干渉する意図はないことを公言する代わりに、ヨーロッパ諸国が君主制をアメリカ大陸の諸国家に広げようとすることや、その政治的独立を脅かすことを、アメリカの平和と安全にとって危険なものとみなし、認めないとするものであった。

第一次世界大戦中の一九一七年一月二二日、上院における演説で、ウィルソンは「勝利なき平和」のフレーズで知られる演説を行ったが、そこで次のように国際連盟を、「モンロー・ドクトリンの世界化」の試みと意義づけた。

すべての国家がモンロー大統領によって提唱されたドクトリンを、普遍的なドクトリンとして採用すべきである。いかなる国家も、他国や他国民を蹂躙するような国策を遂行してはならない。〔……〕あらゆる国家が同じ意識を持って、同じ目的に向かって行動するとき、すべての国家は共通利益のために行動し、共通の保護のもと国家の保全を実現することができるのだ。(Wilson 1917)

『危機の二十年』でカーは、国際連盟を厳しく批判した。しかし、その批判は、国家間の権力闘争を不変とみなす「現実主義」の立場から、連盟という、権力政治を乗り越えようとする「理想主義」の不毛性を指摘するものでは決してなかった。カーは、本来、諸国家の普遍的な利益を追求すべき連盟が、実際には、大国の国益の道具とされていることを批判したのである。

五　変革を通じた平和

一九三九年に出版された『危機の二十年』では激烈な連盟批判を展開したカーであるが、その数年前に上梓した論説「連盟の未来――理想主義か現実か」(一九三六年)では、連盟が平和にいかに貢献できるかについて積極的な提言を行っている。まだこのときのカーは、連盟を通じた「変革」への希望を捨て去っていなかったのである（Carr 1936）。

この論文でカーが連盟の復権の鍵として重視したのが、規約一九条の活用であった。カーは言う。連盟規約一〇条が定める領土保全の原則、一六条が定める侵略国への制裁行動は、一九条の現状変更に関する規定とセットとなってこそ、平和に有益な貢献をなしうる。にもかかわらず、二〇年弱の連盟の歴史において一九条の適用はほとんど議論されず、一九三〇年代になると、連盟加盟国の圧倒的な関心は、規約一六条に基づくファシズム諸国への制裁行動に寄せられてきた。このことにより、連盟は、現状で優位を占める国家が既存秩序を防衛するために用いる道具とみなされ、諸国家の信頼を失った。このような分析に立脚してカーは、再び連盟が信頼を取り戻し、平和に対して実質的に貢献する組織となるためには、一九条の活用を通じ、現状を単に維持するのではなく、平和的に変革していくという、本来期待されていた役割を果たしていくことが必要であると提言したのである（三牧 二〇〇八）。

たしかに『危機の二十年』執筆時、すでにカーはこのような、現状変革のための機構としての連盟への期待を失っていた。しかし、持続的な平和のためには、単に現状変更を迫る国家を「侵略国」と断罪し、制裁を行使して、現状を防衛するだけではなく、ある一群の国家を侵略による現状変更に至らせるような矛盾をはらんだ国際秩序を変革していかなければならないという問題意識は『危機の二十年』にも継承されている（カー 二〇一一、三九三―四二一頁）。カーは、フランス革命に反対したイギリスの政治家エドマンド・バークの「何らかの変更の手段を欠く国家は、自己の保存のための手段を持たない」という言葉を引用しながら、政治的変革というテーマが、「どの時代のどんな考えをもつ思想家たち」にも課題として認識されていたと、その重要性を強調する（カー 二〇一一、三九三頁）。そして、国際平和に向けた核心的な課題とは、戦争を経ずに、いかに望ましい変革を成し遂げていくかにあると主張する。

しかし『危機の二十年』執筆時のカーは、連盟が、規約一九条という、平和的な変革を実現する方法を盛り込みながらも、それに失敗してきた理由について、さらに考察を進めていた。既存の国際政治で劣位にある国家が、強国に対して現状変革の要求を突きつけた場合、たとえその要求がいかに正当なものであっても、支配的な地位にある国家が自発的に譲歩することはない。規約一九条は、それがありうるような非現実的な想定に立っていたのであった（カー 二〇一一、三九八頁）。ここからカーは、不公正な現状の変革という正しい要求を実現するためには、戦争に至らない程度の武力の行使や威嚇は許容されると考えた（カー 二〇一一、四〇七頁）。当初カーが、ファシズム諸国の武力による現状変更に容認的であった背景には、こうした思考があった。

このようなカーの「平和的変革」論は、国内における労使関係に関する洞察から導かれたものであった。カーは言う。

一九世紀後半および二〇世紀初頭、大半の国家における「もたざるもの」は、一連のストライキと交渉によって彼らの地位を着実に改善していった。また「もてるもの」は正義感によってであれ、あるいは拒否した場合に生じるかもしれない革命への恐怖心によってであれ、争点を実力のテストにかけるよりも、むしろ相手に屈服する方を選んだ。このプロセスを踏むことによって、〔……〕「平和的変革」の正規のシステムのようなものがつくられたのである。〔……〕（同様に国際関係でも）ひとたび不満足国家が平和的交渉（実力行使をするぞという威嚇がまず間違いなく先行するのだが）によってその不満を救済する可能性に気付くなら、ある「平和的変革」の正規の手続きが徐々に打ち立てられ、それがまた不満足国家の信頼を勝ちとるだろう〔……〕実力の威嚇は形式的には放棄されないにしても、さらにもっ

と後退していくだろう〔……〕。（カー 二〇一一、四〇四―四〇五頁）

もちろん、たとえ正当な現状変更の要求であっても、それが武力の行使や威嚇を通じて行われること自体は望ましくない。もちろんカーも、このことはわかっていた。しかし、国内において労使関係の改善が、ストライキなどの労働者側の実力行使なしでは決してもたらされなかったように、国際社会において、「もてるもの」と「もたざるもの」との不公平の改善もまた、実力行使なしにはもたらされないとするのが、カーの「現実主義」であった。カーは労使関係をモデルとする「平和的変革」が果たして国際社会で実現され、さらには慣行とされていくかどうかについては断言できないとしつつ、そこに単なる現状の維持を超えた、持続的な平和に向けた「唯一の進むべき道」を見出したのである（カー 二〇一一、四〇五頁）。

六　おわりに

一般的に、第一次世界大戦後、国際平和への関心が高まるなかで、学問としての輪郭を整えていった国際関係論は、揺籃期の「理想主義」の段階を経て、第二次世界大戦後、「現実主義」の段階へ移行したと理解されている。そして、カーの『危機の二十年』は、「理想主義」から「現実主義」への移行を表す著作として読まれてきた。

しかしカーは、大戦間期の「理想主義」国際関係論のみならず、第二次世界大戦後の「現実主義」国際関係論にも違和感を抱き続けた。晩年カーは、米ハーバード大学でヨーロッパ史と国際関係論の教鞭をとっていたスタンリー・ホフマンに宛てた一九七七年九月三〇日付の書簡で、国際関係論という学問に対して深い諦観を表明している。

私たちは、国際社会や国際関係の科学が誕生するように呪文を唱えていたのではないでしょうか。その試みは失敗に終わりました。国際社会なるものは存在せず、実質的な規律のない、出入り自由のクラブがあるだけなのです。国際関係の科学なども存在しません。英語圏における国際関係研究とは、単に強者の立場から世界を運営する最善の方法を研究しているに過ぎません。（山中二〇一七、九三―九四頁）

国際関係論とは、単に強者の立場から世界を運営する最善の方法を研究する学問に過ぎない――このようなカーの批判意識は『危機の二十年』から一貫したものであった。同書でカーは、大戦間期の国際関係を主導した英米両国の政治家や、国際関係論の学問的発展を担った両国の知識人が、自らが生み出す「知」が、いかに現実世界の権力関係と結びついているかに無自覚であることを繰り返し批判した。大戦間期に発展した国際関係論は、国際機構や国際法を中心的な課題としていたために、いまでは「理想主義」的な国際関係論と特徴付けられるが、同時代的にカーがそこに見出したのは、現状をあくまで擁護しようとする強国の「現実主義」であった。カーは大戦間期の国際関係論が、不公平な国際秩序の構造を批判的に問い直し、覇権的な国際秩序を乗り越えていくための学知として発展することはなく、既存秩序を正当化し、防衛する方向に発展したことを批判し続けたのである。

そして晩年ホフマンに宛てた手紙が表すように、大戦間期の「理想主義」を反省し、より実効的な平和の処方せんを求めて立ち上げられたはずの第二次世界大戦後の「現実主義」国際関係論も、覇権を正当化し、補完する学知となっていった点においては、大戦間期のそれと本質的には変わりはなかったというのがカーの分析であった。「知」と「権力」との関係を批判的に問い直すことを期待された国際関係論が、覇権を補完する学知となっていったことに絶望を深めていったカーが、その後国際関係論の父祖の一人と位置付けられてきたことは皮肉に他ならないと言える。

今日の国際関係論でも、「平和」はあまりにしばしば、それを主張する者の利益やパワーと結びついていることが自覚されないまま主張されている。米トランプ大統領の「アメリカ第一」の外交方針に反対し、「リベラルな国際秩序」の擁護者としての役割を米国に求めてきたアイケンベリーは、『リベラル・リヴァイアサン』において次のように主張している。「合衆国は、リベラルな秩序の構築者だった。開放的で穏やかな規則に基づいた秩序を作り出そうと努め、それは優れた民主主義と結びついていた。たしかにこの秩序のビジョンの一部は、巨大な先進国アメリカが世界市場への参入を求めるという国益に突き動かされている。だが〔……〕この秩序は、アメリカのみならずより広い世界に、長期的な経済の流れと安全保障上の利益をもたらした」(Ikenberry 2011, pp. 333f.)。もしカーが今日の世界に生きていたら、このような「リベラルな国際秩序」の議論を、世界秩序の動揺の根本原因から目を逸らした、現代の「利益調和」の神話と批判し、次のような問いを投げかけたかもしれない。なぜ、万人に利益をもたらしていたはずの「リベラルな国際秩序」に対し、いま世界のあちらこちらで、そして何よりその盟主であったはずのアメリカ国内で、不満や反発、オルタナティブの国際秩序を求める声が高まっているのだろうか。そもそも万人に利益をもたらす「平和」という考え自体、既存秩序に満足し、それを変更したくない強国のイデオロギーではないか、と。

世界秩序はいま、多くの挑戦を受けている。それらの挑戦は、過去のアメリカ中心の覇権秩序を「リベラルな国際秩序」と美化し、それに挑戦する者をただ断罪する方向ではなく、「リベラルな国際秩序」として人類に等しく恩恵をもたらすと肯定的に語られてきた秩序の実態はいかなるものだったか、それは誰に利益をもたらす反面、誰を疎外してきたかを批判的に問うことによって応えられていくべきであろう。

　このような課題に直面する現代世界において、カーの議論は再び重要性を帯びる。『危機の二十年』で自らに都合がよい国際秩序を美辞麗句で正当化する「理想主義」者の偽善性を糾弾した後、カーは次のように宣言する。「今日のユートピアニズムをリアリズムの武器でもって粉砕した暁には、われわれはさらにみずからの新しいユートピアを築く必要がある」（カー 二〇一一、一九〇頁）。このように述べてカーは、より持続的な国際平和に向けて、「〔イギリス国内の〕オールダムやジャローと同様に、〔フランスの〕リールや〔ドイツの〕デュッセルドルフ、〔ポーランドの〕ルージなどの福祉も考慮に入れ」た国際福祉主義という、強烈に理想主義的な政策を提示する（カー 二〇一一、四五一―四五二頁）。『危機の二十年』で展開される徹底的な理想主義批判は、このような急進的なオルタナティブの平和のヴィジョンへと帰結していく。カーは、現状の平和から最大の利益を享受している英米にとっては尊い「平和」が、より不利な立場にある国家にとっては抑圧的なものでありうることを想像しようともしない、英米の「理想主義」者の傲慢を批判したのであって、より公正で平和な世界に向けた理想主義的な探求それ自体を否定したのではない。

　他方、『危機の二十年』でカーは次のようにも述べている。「この新しいユートピアも、いつかは同じリアリズムの武器によって倒されるであろう」（カー 二〇一一、一九〇頁）。すなわち、絶対不変の「理想主義」者も、絶対不変の「現実主義」者も存在しない。「理想主義」者を自負し、革新的な平和のヴィジョンを掲げた者たちが、ひとたび既存秩序の受益者となると、その理想主義的な言辞を既存秩序の擁護のために用いるようになり、最終的には自分たちが、より革新的な秩序を追求する人々から挑戦を受ける側となる。ある時点で革新的であった国際秩序に関する言説も、いずれその革新性を失い、既存秩序を擁護するための保守的なイデオロギーに転化する。カーによれば、この「保守」と「革新」の移り変わりは必然であり、新たな世界秩序への展望は、両者の競合の中からしか生まれえない。

今日の私たちは「リアリズムの武器」によって「リベラルな国際秩序」論を倒した後、どのような新しい、脱覇権的な世界秩序を展望できるのだろうか。カーが苦悩した問いは、数十年の時を超えて、いま、私たちに突きつけられている。

注

（1）Whitehouse, "Remarks of President Donald J. Trump- As Prepared for Delivery Inaugural Address" (January 20, 2017), https://www.whitehouse.gov/briefings-statements/the-inaugural-address/

参考文献

一又正雄　一九五八「「平和的変更」再論」『早稲田法学』三三（三・四）号、二三三―二八六頁。

ウィルソン、ピーター　二〇〇二「危機の二十年と国際関係における「理想主義」の範疇」関静雄訳、デーヴィッド・ロング、ピーター・ウィルソン著、宮本盛太郎・関静雄監訳『危機の二十年と思想家たち――戦間期理想主義の再評価』ミネルヴァ書房、一―二八頁。

カー、E・H　二〇一一『危機の二十年――理想と現実』原彬久訳、岩波文庫、岩波書店。(E.H. Carr, *The Twenty Years Crisis 1919-1939: An Introduction to the Study of International Relations*, Revised Edition edited by Michael Cox, London: Palgrave Macmillan, 2001).

――――　二〇〇二「自伝的覚書」『思想』九四四号、五〇―六一頁（E. H. Carr, 2000 "An Autobiography", in Michael Cox（ed.）, *E.H. Carr: A Critical Appraisal*, Basingstoke: Palgrave）

三牧聖子　二〇〇八「『危機の二十年』（一九三九）の国際政治観——パシフィズムとの共鳴」『年報政治学』五九（二）号、三〇六—三二二頁。
山中仁美　二〇〇一「E・H・カーと第二次世界大戦——国際関係観の推移をめぐる一考察」『国際関係学研究』二八号、七九—九四頁。
——　二〇一七『戦争と戦争のはざまで——E・H・カーと世界大戦』ナカニシヤ出版。

Carr, E. H.　1936 "The Future of the League — Idealism or Reality?" *Fortnightly*, 140 (October), pp. 385-402.
Chaudoin, Stephen, Helen V. Milner, and Dustin Tingley　2017 "A Liberal International American Foreign Policy? Maybe Down but Not Out", *H-Diplo/ISSF Forum* (January).
Dewey, John　1918a "The League of Nations and the New Diplomacy", in Jo Ann Boydston (ed.), *The Middle Works of John Dewey,1899-1924*, vol. 11, Carbondale : Southern Ilinois University Press, pp. 131-134.
——　1918b "A League of Nations and Economic Freedom", in Jo Ann Boydston (ed.) *The Middle Works of John Dewey,1899-1924*, vol. 11, Carbondale : Southern Ilinois University Press, pp. 139-142.
Ikenberry, G. John　2018 "Why The Liberal World Order Will Survive", *Ethics & International Affairs*, 32(1), pp. 17-29.
——　2017 "The Plot Against American Foreign Policy – Can the Liberal Order Survive?" *Foreign Affairs* (May/June), pp. 2-9.
——　2011 *Liberal Leviathan: The Origins, Crisis, and Transformation of the American World Order*, Princeton: Princeton University Press.
Levin, N. Gordon, Jr.　1968 *Woodrow Wilson and World Politics: America's Response to War and Revolution*, New York: Oxford University Press.

Westbrook, Robert B.　1991 *John Dewey and American Democracy,* Ithaca: Cornell University Press.

Wilson, Peter　2004 “Carr and his Early Critics: Responses to The Twenty Years’ Crisis, 1939-46”, in Michael Cox（ed.）, *E. H. Carr: A Critical Appraisal,* New York: Palgrave, pp. 165-197.

Wilson, Woodrow　1919 “The Pueblo Speech”（September 25）in Arthur S. Link, et al.（eds.）, *The Papers of Woodrow Wilson*, 69 vols., Princeton,: Princeton University Press, 1966-94, vol. 63, pp. 500-513.

———— 1917 “An Address to the Senate”（January 22）in Arthur S. Link（ed.）, *The Papers of Woodrow Wilson*, Vol. 40, Princeton: Princeton University Press, pp. 538-539.

第八章　人道危機の二十年によみがえるE・H・カー

——現実主義的側面への肯定的再評価

中村長史

一　はじめに

冷戦終結後の人道危機をめぐる議論に対して、戦間期の危機を念頭に置いて立てられたE・H・カーの古典的な議論は、どのような意味を持ち得るのだろうか。本章では、現実主義と理想主義を併せ持つ重要性を自覚し、理想主義が行き過ぎる状況に対して現実主義の立場から自覚的に批判を加えるというカーの分析枠組み（以下、現実主義的側面と呼ぶ）を中心に論じる。[1]

カーの議論は、日本においては様々な形で解釈され、後の英語圏における再評価を先取りしていた点もあるなど一貫して注目を集めてきたが（西村 二〇一六、五六頁、中村 二〇一七、四七頁）、英語圏においてはやや忘れ去られていた観がある。しかし、冷戦終結前後からカーの議論が再び注目されるようになってきた。肯定的な再評価は、カーのなかに理想主義や機能主義、ケインズ主義、批判理論的なものを見出すという形で主に進んでおり（Booth 1991; Linklater 1997）、カーの現実主義の枠に収まらない面に向けられている。[2]一方、否定的な再評価は、カーによって理想主義として十把一絡げにされた戦間期の思想を問いなおす形で主に進んでおり（Long and Wilson eds. 1995）、カーの現実主義の妥当性に向けられていると言ってよい。

　このような近年の二大潮流、すなわち、「非現実主義的側面への肯定的再評価」と「現実主義的側面への否定的再評価」ほどには盛んとは言えないまでも、こと冷戦終結後の人道危機をめぐっては、カーの現実主義・理想主義の枠組みを継承する形で議論が展開されることがある（Goldsmith and Krasner 2003; 石田 二〇一一）。また、カーへの明示的な言及はないにせよ、同様の問題意識に基づく議論がみられる分野である。[3] 冷戦終結後という変動期を理解するうえで、戦間期という過去の変動期を扱った古典を知的源泉とすることには、なお今日的な意義があると考えられているのだろう（遠藤 二〇〇三、六〇頁、大沼 二〇〇八、二〇―二一頁）。

　そこで、本章では、二大潮流の間隙を縫う形でカーの現実主義的側面への肯定的再評価を試みる。もっとも、これは、単にニッチに取り組もうとするものではない。国際政治学におけるイズムの意義について甲論乙駁繰り広げられるなか（Lake 2011, 2013; Mearsheimer and Walt 2013）、現実主義・理想主義の枠組みの有効性について再考することは、国際政治学全体にとっても意義のある試みと考える。

　なお、国際関係研究・歴史研究・ソ連研究といったカーの業績の多面性はつとに指摘されているところであるが（Cox ed. 2000; 山中 二〇一七a、二〇一七b）、本章では、主に『危機の二十年』を中心とする国際関係研究における現実主義的側面に着目する。[4] 一面に過ぎないものを過度に強調せぬように注意しながらも、[5] 一面とはいえ確かにあったカーの現実主義的側面について、冷戦終結後の人道危機をめぐる議論への影響という文脈で再評価を試みる。

　本章の構成は、以下のとおりである。まず、第二節においては、カーの現実主義的側面がどのようなものであったかを確認する。次いで、第三節において冷戦終結後の人道危機をめぐる議論を整理し、これらの議論はカーの何を継承し何を新たに付け加えているのか、そして、どのような課題が残されているのかについて考える。最後に、今後の課題に触れつつ本章の議論をまとめ、既存のカー研究や国際政治学におけるイズム論争への含意を示して結びとしたい。

二　カーの現実主義的側面

本節では、本章が着目するカーの現実主義的側面がどのようなものであったかを確認する。まず、カーがなぜ力の裏付けを重視したのかについて、道義の複数性という観点から考える（第一項）。次いで、カーは道義の複数性を直視したがゆえに、力の裏付けを欠く政策構想を批判し、妥協を重視したと論じる（第二項）。そして、このようなカーの現実主義は、妥協が軽視される事態に際して理想主義の行き過ぎを戒めるための武器であったと捉える（第三項）。

（一）力の裏付けと道義の複数性

カーの現実主義は、必ずしも十分に体系的なものではなく、その内容を突きとめること自体が大きな問いとなるほどである（西村二〇一二、一二三、一三三―一三五頁）。とはいえ、カーの議論が現実主義的であるとされるのは、『危機の二十年』において、力の裏付けを欠いた政策構想を批判するとともに普遍的道義を説く理想主義の偽善を暴いたからであるという点には異論は少ないだろう（原二〇一一、五三〇頁）。本章では、この最大公約数的理解から出発して議論を進めることにしよう。

もっとも、力の裏付けを欠いた政策構想を批判するからといって、カーの現実主義は、単に当該政策の実現可能性を嘲笑するだけのものではない。平和的変更の可能性についても論じるカーの現実主義は、現実に追随するだけのシニシズムとは一線を画するものである。この点につき、カー自身も「ユートピアニズムの破産は、ユートピアニズムがみずからの原理を実践できなかったという点にあるのではない。ユートピアニズムの破産は、ユートピアニズム自体が国際問題の実践にあたって絶対的かつ私心のない規準を用意できないことを露呈した点にある」(Carr 1939/1946, p. 88／邦訳一七九頁)、「リアリストは、ユートピアの防壁の裂け目にただ漫然と嫌がらせの攻撃をするだけであってはならない。リアリストの仕事は、ユートピア思想をつくりあげている構成要素がいかにうわべのものであるかを暴露して、非現実的なこの思想の全構造を打ち破ることである」(Carr 1939/1946, p. 75／邦訳一五六頁) といった形で端的に述べている。

では、なぜカーは、力の裏付けを重視したのだろうか。それは、安全保障問題にせよ経済問題にせよ、諸国家の利益は実は調和しておらず、普遍的道義などというものは見せかけに過ぎないと考えたからである(Carr 1939/1946, pp. 51-62／邦訳一一三―一三三頁)。あたかも普遍的な道義であるかのように語られている国際平和(平和的変更の手段を整備しないなかでの戦争違法化)、民族自決、自由貿易などは、その実、大国の利益になるがゆえに唱えられているに過ぎない。さらに言えば、英国等の現状維持勢力側がドイツや日本等の現状変更勢力側に比べて道義的に優れているわけではなく、両者ともに自己利益を追求しているに過ぎない。つまり、道義は複数存在するのである。この文脈において、道義とは力の関数であるとの理解をカーは示した(Carr 1939/1946, pp. 14, 191-192, 235／邦訳四六頁、三六四―三六五頁、四四三―四四四頁、遠藤二〇〇三、五四頁、石田二〇一四、五八―五九頁)。普遍的道義の裏に潜む特殊利益を暴露したカーからすれば、道義が収斂しないところで政策目標を実現するには、力の裏付けが必要となるのである。

（二）妥協の重視

　もっとも、常に力任せに政策を遂行しようなどというのは、カーの現実主義がとるところではない。世界に道義が複数あるなか、道義を共有しない相手を従わせるだけの力を有さないのであれば、そこには妥協が必要となるのである（Carr 1939/1946, pp. 208–210／邦訳三九五—三九六、三九八頁）。

　この点を踏まえれば、『危機の二十年』の初版において平和的変更の一手段として対独宥和政策が明確に支持されていた点も論理的には合点がゆく。先述のように、カーは、英国の道義と日独の道義について、どちらが優れているといった類のものではなく、ともに自己利益を追求しているに過ぎないと考えた。また、英国艦隊やロンドン市場の力は衰退しており（Carr 1939/1946, p. 232／邦訳四三八頁）、当時の地中海におけるイタリアの動向も見据えて軍備の増強を急がなければならない英国にとって、ドイツとの直接対決は少なくとも先送りする必要があるとの認識を有していた（山中二〇一七b、一一九頁）。道義の面でも力の面でも明確に優位にないのであれば、現状維持勢力側の譲歩が求められることになるのである。ただし、対独宥和が政策的に妥当であったかはまた別の問題であり、第二次世界大戦終了後に出版された第二版においては該当部の記述が削除されることになる。

　論理の次元に話を戻せば、道義の複数性を直視するがゆえに、カーは力の裏付けを重視する。そして、十分な力の裏付けを欠くにもかかわらず妥協がみられない姿勢を強く批判することになるのである。いささか図式的に過ぎる面もあろうが、本章では、カーの現実主義をこのように捉えたうえで議論を進める。

（三）理想主義の行き過ぎを戒める武器

　ここで、カーが「リアリズムは〔……〕思考の追求にさえ必要な行動の活力をわれわれに与えてはくれない」（Carr 1939/1946, p. 89／邦訳一八一頁）、あるいは「健全な政治思考および健全な政治生活は、ユートピアとリアリティがともに存するところにのみその姿を現わす」（Carr1939/1946, p. 10／邦訳三九頁）として、現実主義と理想主義を併せ持つ重要性を指摘していたことに着目する必要がある。[6] カーは一般論としては現実主義と理想主義の双方を重視しつつも、理想主義が行き過ぎる『危機の二十年』執筆当時の現状に照らして、敢えて現実主義を強調したのではないか。

『危機の二十年』については、前半部では現実主義と理想主義を併せ持つ重要性が説かれるにもかかわらず、後半部ではもっぱら現実主義が重視されており矛盾していると指摘されることがある。しかし、上記のように理解すれば、カーの立場は決して矛盾するものではない。現実主義と理想主義を併せ持つことが重要だと説くがゆえに、理想主義が行き過ぎる状況を前にして現実主義の立場を自覚的にとって批判を加えたのである。

そもそも「首尾一貫した徹底的な現実主義者など存在しない」（Carr 1939/1946, p. 89／邦訳一八一頁）と説くカーの現実主義が国際政治の現象を体系的に説明するものではないのは当然である。そのような理論を求めてしまうと、『危機の二十年』は知的混乱を起こしているようにみえるかもしれない。あくまでも「理想主義の行き過ぎを戒める武器」としての現実主義だと考えるのが自然と言えるだろう（Dunne 2000, pp. 221, 224; 三牧 二〇〇八、三〇六頁）。

以上の理解に基づき、以下では、冷戦終結後の人道危機をめぐる議論においてカー流の現実主義がどのような意味を持ち得るのかを検討していくこととする。

三　人道危機の二十年

本節では、まず冷戦終結後の人道危機の収束を目指す言説がどのようなものであったかを整理したうえで、それらの言説が戦間期の理想主義（とカーによって批判されたもの）を想起させるものに支えられていた面があること、ならびに必ずしも所期の目的を達成し得ないでいることを確認する（第一項）。次いで、そのような状況に対してカー流の現実主義的な議論を展開しているものをみていく。これらの議論はカーの何を継承し何を新たに付け加えているのかを論じる（第二項）。そして、現実主義と理想主義をいかに併せ持つかという残された問いを考える（第三項）。

（一）理想主義の隘路

しばしば誤解されているが、国内紛争は、冷戦終結後になって突如として増えたわけではない（Fearon and Laitin 2004, pp. 9–10）。国家が少なくとも一方の主体となる武力紛争において、国内紛争が占める割合は、冷戦期を通じて国家間戦争のそれよりも大きかった（UCDP/PRIO Armed Conflict Dataset）。ただし、冷戦構造の崩壊により、領域国間の危機から領域国内の人道危機に人々の注目が集まるようになり、国際社会による関与が試みられるようになったのは事実である。例えば、国連安保理においては、「国際の平和と安全に対する脅威」の認定が質的にも量的にも拡大した（佐藤 二〇〇二、二七—二九頁、酒井 二〇〇三、二四三—二四六頁）。

もっとも、国際社会による関与にもかかわらず、人道危機の発生・激化・再発を防げなかった事例は少なくない。こうした教訓が積み重ねられるにつれ、人道危機をめぐる政策において、発生防止・激化防止・再発防止という三局面への多元化と各局面での重層化がみられるようになった（中村二〇一四、一一一―一一五頁）。

発生防止策としては、事実調査・早期警報などの予防外交、予防展開・非軍事地帯設置などの予防行動が挙げられる。また、先例における国際社会の関与、とりわけ軍事介入の実施は、将来の地域紛争の発生を抑止することになる。国連事務局でも「抑止力としての人道的介入」（humanitarian intervention as a deterrent）という役割が着目され、軍事介入のガイドラインをあらかじめ整備しておく必要性が提言されている（UN Document, A/54/1 para69［31 August, 1999］; SG/SM/7136 GA/9596［20 September, 1999］）。激化防止策は、停戦合意や和平合意の促進などである。これは、国連安保理決議を通じた要請や特使の派遣といった形でなされ、平和維持部隊や人道支援部隊の受入れ要請という形をとることが多い。要請が受け入れられれば、部隊が当該国内で展開することになるが、このような要請が受け入れられない際に、当該国の同意なき武力行使という形をとるのが、人道的介入などの軍事介入である。そして、再発防止策としては、国際刑事裁判や和解、紛争後平和構築などが挙げられる。

このような政策の多元化・重層化は、冷戦構造の崩壊とともに力を持ち出した理想主義的な言説によるところが大きいと言える。例えば、一九九〇年代に盛り上がりをみせた人道的介入論について、冷戦終結後の時期ならではの理想主義であったと振り返られることがある（Kaplan 2012, pp. 16–17）。なかには、冷戦期には軍事行動を強く批判していたものの冷戦終結後にはむしろ人道的介入を唱導するようになった者もいると指摘されている（藤原二〇〇〇、二一九頁）。かつての反核運動の指導者メアリー・カルドーは、その代表格と言えるだろう。(7) ときに「リベラルなタカ派」（liberal hawk）と呼ばれる人々である。もっとも、リベラリズムの起源を踏まえれば、リベラリズムには「多元主義的で介入に抑制的なリベラリズム」と「普遍主義的で介入に積極的なリベラリズム」という二つの立場が元々あり（Simpson 2001, pp. 537-543）、「リベラルなタカ派」それ自体は何ら新しい現象ではない。しかし、ここで注目すべきは、同じ論者の姿勢が変化している点である（中村二〇一四、一一六頁、一二二―一二三頁）。ここから、冷戦終結を境に介入とリベラリズムとが結びつきやすくなった理想主義的な傾向が読み取れる。

ただし、このような理想主義に支えられた政策の多元化・重層化をもってしても人道危機が収束したとは言い難く、この間の国際社会による関与の妥当性が省察される機会がむしろ増えている（Kennedy 2004, p. xviii; 中村二〇一四、一一七―一二〇頁、Fearon 2017, pp. 26-30）。この状況は、理想主義が危機の打開に必ずしも有効でなかった戦間期を想起させる。このような冷戦終結後の時期を「人道危機の二十年」と呼ぶことにしよう（冷戦終結から既に三〇年近くが経過していながら「二十年」とする理由については後述する）。

（二）現実主義の再興

このような冷戦終結後の状況に対し、カーの枠組みに明示的に依拠しながら議論を展開するものがある（Goldsmith and Krasner 2003, pp. 48, 58-61; 石田二〇一一、一一八―一二二、一二七頁）。十分な力の裏付けを欠いているにもかかわらず人道危機当事者との交渉における妥協の姿勢が欠けている点を指摘するものである。また、カーへの明示的な言及はないにせよ、同様の問題意識に基づく議論もみられる。これらについて、第一節で整理したカー流の現実主義（道義の複数性の直視、力の裏付けなき政策への批判、妥協の重視、そして、「理想主義の行き過ぎを戒める武器」）を意識しながら再構成してみよう。

冷戦終結後の人道的介入は、人道主義を隠れ蓑とした侵略の正当化に過ぎないのではないかと疑われる一九七〇年代の事例とは異なり、むしろ不完全ながらも国際社会の制度化を示す擬似公共性を帯びた活動であった（Wheeler 2000, pp. 71-77, 105-110, 132-36; Finnemore 2003, pp. 78-83, 97-98）。しかし、強者の特殊利益からは到底自由ではなかった。例えば、「保護する責任」を提唱した二〇〇一年のＩＣＩＳＳ（介入と国家主権に関する国際委員会）報告書は、国際社会が人道危機へ関与する動機に戦略目的が入ることを是認している。ＩＣＩＳＳの委員であったマイケル・イグナティエフは、倫理的な完璧主義は不作為のための言い逃れに過ぎないとし、「理想はしばしば手の汚れた――やましい心を持つ――人々によって擁護されてきた」として、これを正当化する（Ignatieff 2000, p. 155; 遠藤 二〇〇九、一八頁）。道義の複数性は、国際刑事裁判や平和構築についても指摘されている。国際刑事裁判に関しては、それが追求する「国際正義」と現地社会や暴力の被害者が望む「現地正義」との乖離が論じられ（二村 二〇一三、六七―六八頁）、平和構築については、欧米的な自由民主主義価値観に基づく「リベラル・ピース」と現地の慣習に基づく「ポストリベラル・ピース」との乖離が論じられている（Richmond 2004, pp. 92-94）。

国際社会の側は、人道的介入や国際刑事裁判に際して、人権・人道といった「普遍的価値」を掲げるものの、まさしく、その普遍性ゆえに、価値を共有しないものに対して抑圧的になりかねない。しかし、これでは人道危機を引き起こしている当事者と大して変わりがないということになる（土佐 二〇〇三、一三二―一三三頁、二五七―二五八頁）。平和構築を支える人道主義にしても、実は植民地統治を支えていた面もあり、そういった言説によって国際社会における権力の非対称性がつくり出されたり強化されたりする一方、権力の非対称性もまた人道主義的な言説の前提として受容されてきたと言える（五十嵐 二〇一六、二三三―二三六頁、二三九頁）。

このような道義の複数性を直視すると、十分な力の裏付けを欠くにもかかわらず妥協がみられない姿勢が批判されることになる。例えば、「国際刑事裁判のディレンマ」として知られる議論は、次のように説く（Goldsmith and Krasner 2003; Snyder and Vinjamuri 2004; 石田 二〇一一、下谷内 二〇一二）。国際刑事裁判制度が整備されてきた現在では、人道危機を引き起こした者の地位を恩赦により保障することがしづらく責任を追及せざるをえない。とりわけ、国際刑事裁判所（ＩＣＣ）設立後の国連事務局は、不処罰を容認する和平案は支持しないという方針を繰り返し明確にしている（UN Document, S/2004/616 [23 August, 2004]; S/2011/634 [12 October, 2011]）。その結果、訴追に対する当事者の不安を払拭できず譲歩への誘因が失われるため、停戦合意や和平合意を通じた人道状況改善への同意確保が困難になると考えられる。だからといって、訴追を断念して不処罰文化の蔓延を招くわけにもいかないが、国際刑事裁判が当事者の妥協を阻みかねないのである。

これを人道危機における「強者」の妥協を困難にするものだとすれば、次に紹介する「人道的介入のモラルハザード」論は、「弱者」の妥協を困難にするものを指摘していると言える。冷戦終結後の人道的介入の頻発により、反政府勢力が国際社会の自陣営側に好意的な形での介入への期待を抱き、政府との停戦交渉や和平交渉において妥協がなされず合意が困難になるという論理である（Rowlands and Carment 1998; Kuperman 2008）。換言すれば、あらかじめ軍事介入の基準を設定することで人道危機の発生を予防しようとする「保護する責任」のような枠組み整備が進むあまり、当事者の妥協を阻みかねないのである。

このように、冷戦終結後の政策の多元化・重層化は、「強者」からも「弱者」からも妥協の誘因を奪うものとなった。「国際刑事裁判のディレンマ」は停戦合意・和平合意の促進という激化防止策と国際刑事裁判という再発防止策の衝突と言えるし、「人道的介入のモラルハザード」は軍事介入の基準設定という発生防止策と停戦合意・和平合意の促進という激化防止策の衝突と言える。つまり、政策の多元化・重層化が政策同士の衝突を招き、かえって人道状況改善を阻害しかねないと整理できるのである（中村 二〇一四、一一七―一二〇頁）。

たしかに、冷戦終結後の単極構造においては、米ソ対立の終了により地域紛争が代理戦争である時代が過ぎ去り、米英仏などの域外大国があたかも警察機能を行使するかのように介入できるほどに力が集中していた（藤原 二〇〇〇、一一二―一一三頁）。そもそも、「戦争は始めるよりも終わらせる方が難しい」などと出口戦略の難しさが語られるのも、介入の時期を選ぶように撤退の時期を選べるからである（中村 二〇一八 a、一五二―一五四頁）。この点において、カーが分析対象とした戦間期と冷戦終結後は状況がやや異なる。しかし、妥協なしで所期の目的を達成できるほどの力を有してはいなかったという点では同じなのである。つまり、人道危機に対処する余裕はありながらも、それを完全に収束させる力までは持っていないという「中途半端な力」を有する状態ゆえに起こる問題と言える。まさしく「理想主義の行き過ぎを戒める武器」としての現実主義が必要とされる局面である。

（三）依然として残された問い

ここまでの分析が的外れではないとすれば、今後はどうしていけばよいのか。カー流の現実主義に依拠するジャック・ゴールドスミスとスティーブン・クラズナーは慎慮の重要性を強調するが、やや意外なことに、その担い手として大衆に期待を寄せている（Goldsmith and Krasner 2003, pp. 58–59）。しかし、有権者は、しばしば投票後になって自らの選択を後悔する主体であると論じられるなど（Blais and Kilibarda 2016）、政治学において必ずしも合理的な主体とは捉えられてこなかった。例えば、ハンス・J・モーゲンソーは、とりわけ妥協が重要となる対外政策分野において、政府は世論の奴隷ではなく指導者になるべきだと主張する（Morgenthau 1948/2006, pp. 565-566)。ジョン・J・ミアシャイマーは、民主的平和論を批判する文脈で、民主主義国であっても大衆はナショナリスティックな熱情や宗教的な熱情に駆られて強硬策を支持しやすく、しかもコストへの配慮に乏しいと指摘する（Mearsheimer 1990, p. 46）。クラズナー自身も別の論文において、政府は介入しなければ有権者から批判され、ひとたび介入するとまた批判される進退両難の状況（no win situation）に置かれると論じるなど、世論の移ろいやすさを指摘している（Krasner 2004, p. 94）。

また、カーも『危機の二十年』において、世論は常に正しいと神格化することを理想主義的であると批判していた（Carr 1939/1946, p. 31／邦訳七六頁）。『平和の条件』の中でも、統治機構の複雑化により、現代の民主主義では治者と被治者の一体感が失われ、民主主義を機能させる共通の責任感が欠如していると指摘している（Carr 1942, p. 29／邦訳五七―五八頁）。権力の三要素として軍事力・経済力と並べて世論を支配する力を挙げるほど世論を重視するカーにとって、このような事態は看過できるものではなく、国際政治学者が世論を啓蒙する必要性が説かれることになる（西村 二〇一二、一四二、一五二―一五三頁）。

その一方で、カーは、集団安全保障体制を批判する文脈においては、戦争を避けたいという人々の素朴な感情を肯定的に捉えている。軍事的制裁の義務をイギリス国民が受け入れるとは考え難く、その意味で世論は「平和の安全装置」だというのである（Carr 1936）。

この点につき、むしろ世論を警戒していたのは、カーによって理想主義と批判された人々であった。レナード・ウルフやノーマン・エンジェルは、ファシズムに対する自由防衛のための武力行使に踏み切れない大衆に苛立ちを強めていた（三牧 二〇〇八、三一三頁）。そして、この「ねじれ」は、実は、人道危機の二十年においても観察される。人道的介入を積極的に唱導したイグナティエフは、移り気な世論を背景としてなされる介入が選択的なものとなり、普遍的であるはずの人権という価値への信頼を失わせることになりかねないと危惧している（遠藤二〇〇九、一七頁）。現実主義を用いるゴールドスミスとクラズナーが世論に期待し、彼らに批判される側のイグナティエフが世論を警戒するという構図は、まさしく戦間期の再現である。

もっとも、近年の世界はやや異なる様相をみせ始めている点にも留意が必要だろう。二〇一〇年代に入り、いわゆる「地政学の復権」（例えば、中国の海洋進出やロシアのウクライナ侵攻）と同時に「人道主義の衰退」（例えば、シリアの人道危機に対して必ずしも積極的に対応しない国際社会）が観察できる。冷戦終結から既に三〇年近くが経過していながら、本章において「人道危機の二十年」と呼称する理由が、ここにある。冷戦終結後の理想主義的雰囲気は、現実主義ではなく、シニシズムの方へ傾きつつあるといってよい。

ここで、カーが現実主義と理想主義を併せ持つ重要性を指摘していたことを改めて想起すべきだろう。「人道主義の復権」のために、理想主義の力をどのような形で借りればよいのか。ただし、カー自身の議論からは必ずしも十分な回答を引き出すことはできない（西村二〇一二、一六九頁）。その理由の一端は、カーの議論に「倫理の超越的基準」が欠けている点に求められるだろう。モーゲンソーは『危機の二十年』を「人生を形成した本」と評価する一方で、政治的現実と緊張関係にある「客観的基準」が欠けているがゆえに、結局はその時々の現実に屈服してしまうことを問題視した（Morgenthau 1948, pp. 133-134; 宮下二〇一二、一二六—一二七、一五二頁）。妥協の合理性を説くだけでは、現実主義は思慮深い強者の現状防衛論を超えるものとはならないのである（石田二〇一一、一二三—一二四頁）。現実主義と理想主義をいかにして併せ持つかは、今日でもなお、古くて新しい課題として私達の眼前にある。(8)

四　おわりに

本章では、戦間期の危機を念頭に置いて立てられたE・H・カーの古典的な議論が、冷戦終結後の人道危機をめぐる議論に対して、どのような意味を持ち得るかについて論じてきた。まず、カーの議論について、道義の複数性を直視するがゆえに、力の裏付けを欠く政策構想を批判し、妥協を重視することになると整理したうえで、妥協が軽視される事態に際して理想主義の行き過ぎを戒めるために現実主義的な立場を自覚的にとるものだと捉えた。次いで、冷戦終結後の人道危機の収束を目指す言説や政策が戦間期の理想主義を想起させるものに支えられていた面があること、ならびに必ずしも所期の目的を達成し得ないでいることを確認したうえで、そのような状況に対してカー流の現実主義的な議論を展開しているものを紹介しつつ、それらの再構成を試みた。そして、人道危機を完全に収束させる力までは持っていないという「中途半端な力」を有する現状では、強者からも弱者からも妥協の誘因を奪うことになりかねないがゆえに、所期の目的を達成し得ないでいることを明らかにした。一方で、現実主義と理想主義をいかに併せ持つかという課題は、今なお残されていることもまた明らかになった。

無論、本章は、冷戦終結後の問題をすべて扱ったわけではなく、他にもカーを知的源泉として考えるべき問題は多くある。例えば、山中仁美は、アフガニスタンやイラクの混沌を「もう一つの危機の二十年」として、カーに倣った自由主義的論理への批判を展開できる可能性を示唆していた（山中二〇一七a、一七頁）。人道危機をめぐる本章の議論が、「対テロ戦争」についてどこまで当てはまるか。そこを探るのが、次の課題の一つとなる。

以上のような制約を抱えつつも、本章の議論が、既存のカー研究や国際政治学のイズム論争に対して含意を持つことを確認して結びとしたい。まず、カー研究に関しては、近年の二大潮流（非現実主義的側面への肯定的再評価と、現実主義的側面への批判的再評価）とは異なる現実主義的側面への肯定的再評価が可能なことが明らかになった。[9] たしかに、現実主義・理想主義という二分法は、複雑な現代世界の諸事象を説明するには単純過ぎるのは否めない（山中 二〇一七a、四五頁）。しかし、あくまでもカーの一面であることに留意したうえで、「理想主義の行き過ぎを戒める武器」としての現実主義を参照するべき局面が、冷戦終結後の人道危機をめぐる議論には確かにあった。それゆえに、『危機の二十年』は、同書を時代拘束的な書としたカー自身の意図に反して（山中 二〇一七b、一一三―一一四頁）、時代を超えて読み継がれる古典の地位を譲らないのである。

このことは、国際政治学のイズム論争に対しても一定の意味を持つ。イズムを批判する論者は、リアリズム・リベラリズム等のイズムの議論を衒学的であると批判し、中範囲の理論構築を推奨する（Lake 2013, pp. 577, 581）。たしかに、あるイズムの立場を自覚的にとるからといって、特定の予測につながるわけではなく、理論的に不完全な面があることは否めない。しかし、ある立場を自覚的にとることで、現実世界を批判する機能は依然として存在するのではないか。この点につき、戦間期の平和的変更という特定の時期・地域・問題領域から生まれたカーの現実主義には、本章が示してきたように、時代と課題を超えてなお参照されるべき局面がある。「理想主義の行き過ぎを戒める武器としての現実主義」を欠いた国際政治学は、現実世界との接点を失い、それこそ衒学的に過ぎるだろう。[10] イズムの是非それ自体についてはなお別稿を要するが、少なくともカー流の現実主義には、今なお有効性が認められるように思われる。歴史は繰り返さないまでも韻を踏むからである。

注

（1）カーは『危機の二十年』において、夢想主義（utopianism）という表現を用いるが、通常、現実主義と対置されるのは理想主義（idealism）である（Mearsheimer 2005）。本章では、現実主義からの批判を加えるに際しての立論上の便法であり深い意味はないとの解釈をとり（原二〇一一、五一九―五二一頁）、引用を除いて理想主義と表記する。

（2）ここでの整理は、Wilson（2000, p. 130）、遠藤（二〇〇三、四八―四九頁）、西村（二〇一二、九―一〇頁）、山中（二〇一七ｂ、六―八頁）に依拠している。

（3）古典となった作品は、学界の共有知として定着していくにつれて明文では論じられにくくなる（西村二〇一六、四二頁）。本章では、カーの議論の継承・発展をめぐる学説史を実証的に論じることよりも、今日の人道危機を理解するうえでのカー流の議論の有効性に焦点を当てるため、明示的にカーを参照していない議論をも対象に含める。

（4）『危機の二十年』を中心に論じつつも、上記に掲げた目的と紙幅の制約ゆえ、カーが国内政治と国際政治との連関を意識して立論するなど通俗的な現実主義像とは異なる思考をみせていた点については十分に扱えない。この点については、遠藤（二〇〇三、五二、五六―五七頁）、石田（二〇一四、五六、五九頁）を参照。

（5）現実主義者にせよ批判理論家にせよ、自説に正統性を付与しようとするあまり、原典で示されるカーの議論を誇張する傾向にある点は否めない（西村二〇一二、一八頁、二一―二三頁、山中二〇一七ａ、四頁）。

（6）カーは『歴史とは何か』の中でも、単純な理想主義批判を戒めている（Carr 1961, pp. 205, 207／邦訳二三一頁、二三三頁）。

（7）他には、マイケル・ウォルツァーを挙げることができるように思われる。冷戦期には、正しい戦争を自衛戦争に限定し内政不干渉原則や武力不行使原則の堅持を目指していたウォルツァーは、冷戦終結後、人道的介入の必要性を自らの仲間と捉えている左派の論者達に対し訴えかけていくことになるのである。この姿勢の変化は、ウォルツァー自身も認めているところである（Walzer 2004, pp. xii-xiii）。

（8）日本においては、「醒めた規範的リアリズム」ないし「現実主義的なリベラル」の系譜が、現実主義と理想主義をいかに併せ持つかを模索してきたように思われる（酒井二〇一六、中村二〇一八b、六八―六九頁、七六頁）。この点については、機会を改めて論じたい。

（9）ただし、カーの現実主義においては、普遍的道義を説く理想主義の偽善を暴く際に批判理論的なものが用いられるなど、「非現実主義的」な面もみられる。この点に関しては、現実主義的側面・非現実主義的側面の双方への肯定的再評価とも言える。

（10）本章のテーマである人道危機への対応とは異なるが、二〇〇三年のイラク戦争というある種の理想主義的な武力行使に対して自覚的に現実主義の観点から批判を加えたものとして、Mearsheimer and Walt（2003）がある。

参考文献

五十嵐元道　二〇一六『支配する人道主義――植民地統治から平和構築まで』岩波書店。

石田淳　二〇一一「弱者の保護と強者の処罰――《保護する責任》と《移行期の正義》が語られる時代」『年報政治学』二〇一一―一、一一三―一三二頁。

――　二〇一四「動く標的――慎慮するリアリズムの歴史的文脈」『国際政治』一七五号、五六―六九頁。

遠藤誠治　二〇〇三「『危機の二十年』から国際秩序の再建へ――Ｅ・Ｈ・カーの国際政治理論の再検討」『思想』九四五号、四七―六六頁。

――　二〇〇九「自由民主主義のアイデンティティと「戦士の誉れ」――マイケル・イグナティエフにおける人権と軍事介入の政治学」『思想』一〇二〇号、一〇―二七頁。

大沼保昭　二〇〇八「国際法と力、国際法の力」、大沼保昭編『国際社会における法と力』日本評論社、一五―一〇二頁。

酒井哲哉　二〇一六「理想主義と現実主義の交錯――戦争・平和・アジアをめぐって」酒井哲哉編『リーディングス戦後日本の思想水脈１　平和国家のアイデンティティ』岩波書店、三〇五―三四五頁。
酒井啓亘　二〇〇三「国連憲章第三十九条の機能と安全保障理事会の役割――「平和に対する脅威」概念の拡大とその影響」、山手治之・香西茂編『現代国際法における人権と平和の保障 下巻』東信堂、二四一―二六八頁。
佐藤哲夫　二〇〇二「国連安全保障理事会機能の創造的展開――湾岸戦争から９．１１テロまでを中心として」『国際法外交雑誌』一〇一巻三号、四二七―四五一頁。
下谷内奈緒　二〇一二「国際刑事裁判のディレンマの政治構造」『平和研究』三八号、五七―七六頁。
土佐弘之　二〇〇三『安全保障という逆説』青土社。
中村研一　二〇一七「坂本義和――修業時代」、初瀬龍平・戸田真紀子・松田哲・市川ひろみ編『国際関係論の生成と展開――日本の先達との対話』ナカニシヤ出版、三七―五三頁。
中村長史　二〇一四「人道主義のパラドックス――冷戦終結後の人道危機対策再考」『平和研究』四三号、一〇九―一二五頁。
――二〇一八ａ「出口戦略の歴史的分析――武力行使の変貌がもたらす撤退の変容」『国連研究』一九号、一四三―一六三頁。
――二〇一八ｂ「未完の九条＝憲章構想――集団安全保障をめぐる二つのトラウマを超えて」、川名晋史・佐藤史郎編『安全保障の位相角』法律文化社、五八―七六頁。
西村邦行　二〇一二『国際政治学の誕生――E・H・カーと近代の隘路』昭和堂。
――二〇一六「日本のE・H・カー――現実主義からの隔たり」、大矢根聡編『日本の国際関係論――理論の輸入と独創の間』勁草書房、四一―六一頁。
原彬久　二〇一一「訳者解説――『危機の二十年』を読み解くために」、E・H・カー『危機の二十年――理想と現

実』岩波文庫、岩波書店、五〇三―五四〇頁。
藤原帰一　二〇〇〇「内戦と戦争の間――国内政治と国際政治の境界について」『年報政治学』九七―一一九頁。
二村まどか　二〇一三「国際刑事裁判をめぐる「国際正義」と「現地（の）正義」」『平和研究』四一号、五七―七二頁。
三牧聖子　二〇〇八「『危機の二十年』（一九三九）の国際政治観――パシフィズムとの共鳴」『年報政治学』二〇〇八―一号、三〇六―三二三頁。
宮下豊　二〇一二『ハンス・J・モーゲンソーの国際政治思想』大学教育出版。
山中仁美　二〇一七ａ『戦争と戦争のはざまで――E・H・カーと世界大戦』ナカニシヤ出版。
――　二〇一七ｂ『戦間期国際政治とE・H・カー』岩波書店。
Blais, André and Anja Kilibarda　2016 "Correct Voting and Post-Election Regret", *PS: Political Science & Politics*, 49-4, pp. 761-765.
Booth, Ken.　1991 "Security in Anarchy: Utopian Realism in Theory and Practice", *International Affairs*, 67, pp. 527-545.
Carr, E.H.　1936 "Public Opinion as a Safeguard of Peace", *International Affairs*, 15-6, pp. 846-862.
――　1939/1946 *The Twenty Years Crisis 1919-1939: An Introduction to the Study of International Relations*, Macmillan.（原彬久訳『危機の二十年――理想と現実』岩波文庫、岩波書店、二〇一一年）
――　1942 *Conditions of Peace*, The Macmillan Company.（高橋甫訳『平和の条件――安全保障問題の理論と実際』建民社、一九五四年）
――　1961 *What is History?*, Vintage Book.（清水幾太郎訳『歴史とは何か』岩波新書、岩波書店、一九六二年）
Cox, Michael ed.　2000 *E.H. Carr: A Critical Appraisal*, Palgrave.

Dunne, Tim.　2000 "Theories as Weapons: E.H. Carr and International Relations", in Michael Cox（ed.）, *E.H. Carr: A Critical Appraisal*, Palgrave, pp. 217-233.

Fearon, James D.　2017 "Civil War & the Current International System," *Dædalus,* 146-4, pp. 18-32.

Fearon, James D. and David Laitin　2004 "Neotrusteeship and the Problem of Weak States", *International Security,* 29-4, pp. 5-43.

Finnemore, Martha.　2003 *The Purpose of Intervention: Changing Beliefs about the Use of Force*, Cornell University Press.

Goldsmith, Jack and Krasner, Stephen D.　2003 "The Limits of Idealism", *Daedalus,* 132-1, pp. 47-63.

ICISS（International Commission of Intervention and State Sovereignty）　2001 *The Responsibility to Protect*, International Development Research Centre.

Ignatieff, Michael　2000 *Virtual War: Kosovo and Beyond*, Chatto & Windus.

Kaplan, Robert D.　2012 *The Revenge of Geography: What the Map Tells Us about Coming Conflicts and the Battle against Fate*, Random House.

Kennedy, David　2004 *The Dark Sides of Virtue: Reassessing International Humanitarianism*, Princeton University Press.

Kissinger, Henry　2014 *World Order*, Penguin Books.

Krasner, Stephen D.　2004 "Sharing Sovereignty: New Institutes for Collapsed and Failing States", *International Security,* 29-2, pp. 85-120.

Kuperman, Alan J.　2008 "The Moral Hazard of Humanitarian Intervention: Lessons from the Balkans", *International Studies Quarterly,* 52-1, pp. 49-80.

Lake, David A.　2011 "Why "Isms" are Evil: Theory, Epistemology, and Academic Sects as Impediments to Understanding and Progress", *International Studies Quarterly,* 55, pp. 465-480.

———— 2013 “Theory is Dead, Long Live Theory: The End of the Great Debates and the Rise of Eclecticism in International Relations”, *European Journal of International Relations,* 19-3, pp. 558-578.

Linklater, Andrew 1997 “The Transformation of Political Community: E. H. Carr, Critical Theory and International Relations”, *Review of International Studies,* 23-3, pp. 321-338.

Long, David and Peter Wilson eds. 1995 *Thinkers of the Twenty Years' Crisis*, Clarendon Press.（宮本盛太郎・関静雄監訳『危機の二十年と思想家たち——戦間期理想主義の再評価』ミネルヴァ書房、二〇〇二年）

Mearsheimer, John J. 1990 “Why We Will Soom Miss the Cold War”, *Atlantic Monthly*, 266-2, pp. 35-50.

———— 2005 “E. H. Carr vs. Idealism: The Battle Rages On”, *International Relations*, 19, p. 139-152.

Mearsheimer, John J. and Stephen M. Walt 2003 “An Unnecessary War”, *Foreign Policy*, 134, pp. 51-59

———— 2013 “Leaving Theory Behind: Why Simplistic Hypothesis Testing is Bad for International Relations,” *European Journal of International Relations,* 19-3, pp. 427-457.

Morgenthau, Hans 1948 “The Political Science of E. H. Carr”, *World Politics*, 1, pp. 127-134.

———— 1948/2006 *Politics among Nations: The Struggle for Power and Peace* 7th *edition*, McGraw Hill.

Richmond, Oliver 2004 “UN Peace Operaetions and the Dilemmas of the Peacebuilding Consensus”, *International Peacekeeping* 11-1, pp. 83-101.

Rowlands, Dane and David Carmet 1998 “Moral Hazard and Conflict Intervention”, in Murray Wolfson（ed.）, *The Political Economy of War and Peace*, Kluwer Academic Publishers, pp. 267-285.

Simpson, Gerry 2001 “Two Liberalisms”, *European Journal of International Law*, 12-3, pp. 537-571.

Snyder, Jack and Leslie Vinjamuri 2004 “Trials and Errors: Principle and Pragmatism of International Justice”, *International Security,* 28-3, pp. 5-44.

Walzer, Michael　2004 *Arguing About War*, Yale University Press.
Wheeler, Nicholas　2000 *Saving Strangers: Humanitarian Intervention in International Society*, Oxford University Press.
Wilson, Peter　2000 "Carr and His Early Critics: Responses to *The Twenty Years' Crisis, 1939-46*", in Michael Cox（ed.）, *E. H. Carr: A Critical Appraisal*, Palgrave, pp. 165–197.

第九章　新しい社会と新しい社会科学者
——E・H・カーと戦後日本の社会科学　一九四五—一九五七

池田丈佑

一　はじめに

日本において、E・H・カーはいかなる存在であったか。戦後間もない社会科学という文脈からこの問いを考えるのが本章のつとめである。導かれるのは、「新しい社会の新しい社会科学者」という姿である。「社会科学者カー」というこの見解は、山中仁美と西村邦行がそれぞれ行った研究（山中二〇一七a、二〇一七b、西村二〇一四）の延長線にある。それは、「国際関係論」「歴史学」「ソヴィエト・ロシア史」という三側面を貫く「芯」（山中二〇一七a、一六頁）である。そして、「なぜ、どのようにして、カーが異なった理論的な立場を取り入れたのか、また、カーが執筆していた当時の政治や経済の文脈に照らして、それはどのような意味をもっていたのか」（山中二〇一七a、二三四頁）という問いへの答えのひとつであり、「歴史的に進歩的な方法によって西欧自由主義の伝統をいかに乗り越えるべきか」という「中心課題」に向けられた営みの総体でもある。ここで重要なのは、カーが「ラディカリズム」の立場にたち「国内問題」を論じたことである。「新しいヨーロッパ」の構想を知的武器に、国内における「革命」を説き、やがて疎んじられていったカーの「見解を真剣に受け止めることは、カーの思想に関する理解を発展させる」（山中二〇一七a、一九六頁）ためには欠かせない。

「社会科学者カー」は、戦後まもない日本の知的文脈にあって他の「三つのカー」をほぼ圧倒するかたちで登場した。そこでは、リアリズムをまとった国際政治学者のみならず、ラディカリズムをまとった国内改革論者としてあらわれた。そして、当時の「社会」問題に「科学」的回答を与えると期待され、歓迎された。だから、従前のカー理解にはおよそそぐわない「社会科学者」という接頭語が、ここで伴われることになる。だとすれば、「社会科学者カー」に対して、戦後まもない日本の社会科学は何を求めたのか。そもそも、日本の社会科学が解決の方向性をカーに託し、カーに期待した難題とは、一体何であったのか。そして、日本の社会科学は、カーから何を引き出そうとし、またしなかったのか。以降、順を追って考えてゆくことにする。

二　戦後日本と「社会科学」

「社会科学者カー」というイメージは、戦後日本における「社会科学」という背景なしに語れない。そして戦後日本における「社会科学」は、近代日本の「社会科学」という背景抜きには語れない。日本において、「社会科学」という言葉には独特の意味が込められてきた。そしてその意味は、各時代の状況を反映し、変化をみせてきた。

戦前に登場した「社会科学」は、文字通り「社会の科学」であった。「社会」と「科学」とがそれぞれ何を意味したかを、まず知らなければならない。前者は、福田徳三がかつて「社会の発見」と呼んだものに関わる（福田 一九八〇、一一頁）。個人的とも国家的とも言いがたい消極的中間的な位置付けの一方、「社会」は、個人でも国家でも起こらない出来事、すなわち、人々の生存一般の場と解された。生存は、社会生活の形をとって維持される。だが河田嗣郎が論じたように、「人々の社会生活」は「其の経済的条件に依存する所多大」である（河田 一九二五、一七頁）。つまり、社会生活は経済生活に左右される。仮に経済生活で不都合が生じるなら、それはそのまま社会的不都合となる。河田は、人間の生活には経済以外に多くの側面があることを承知しつつ、「経済生活に関する側面が社会的にも問題となり易い」（河田 一九二五、一九頁）と述べた。ここに「社会問題」が誕生する。ややおくれて河合栄治郎は、「社会問題」を、「社会制度の根本的欠陥」から生じるものとして捉える。それは、社会成員の人格的成長を目指すべき社会制度が、現実の事態を前にして目的を果たし得ない状況と理解された（河合 一九三一＝一九五二、六六―六九頁）。その中心を構成したのは、当時「工場問題」[1]とも呼ばれた労働問題であった。

「社会問題」の解決に向けて、福田や河田、河合は、漸進的に社会を「改良」するという姿勢で臨む。その際の手立てを「政策」と呼んだことも共通している。「社会問題」に対する「社会政策」という構図は、一九二〇年代において概ね支持されたとみてよい。一方、改良主義的「政策」に対抗したのが、「革命」を中心に置いた急進的なプログラムである。「改良」か「革命」かというこの二択は、近代日本がいかなる経験を経たかという問い、そしてそれへいかなる答えを出したかという問いと不可分である。それは、身分制国家から国民国家への転換と、国民国家に基づく形式的平等の出現、資本主義の進行に伴う形式的平等の破綻と「社会問題」の発生を、おおよそ半世紀のうちに一通り経験した日本において、一連の経緯をいかに理解するかという問いであり、社会問題の解決前にやっておかなければならない知的総括でもあった。講座派と労農派による「日本資本主義論争」は、これをもっとも大がかりにおこなった一例であろう。

ただ、過去をめぐって見解を異にしたにもかかわらず、未来に向けてとられるべき実践は、同じ言葉で基礎付けられた。「科学」である。もちろん、双方の言う「科学」は異なる。すなわち、新カント派以降定着した、「自然科学」に対置される「文化科学」によるか、あるいは「空想的社会主義」に対して「科学的」立場をとるかという違いである。後年、高島善哉は、「社会科学」と「科学的社会主義」との異同としてこの点に触れ、大正から昭和にかけて社会科学の主導権を握ったのが後者たるマルキシズムであったと述べている（高島 一九五〇、七頁）。だがこうした分裂をものともせず、満州事変以降一五年にわたった日本の戦争は、この国から社会科学そのものを放逐する。国体へ収斂することで対象たる「社会」を解消し、「日本諸学」へ収斂することで方法たる「科学」を解消させるなか、知識人たちは「飢えた人間」のように社会科学に「飛びつ」き（清水 一九五二、三〇頁）、そして、日本が知的文化的に敗戦することを確信した。[2]

「終戦とともに日本は全面的に崩壊した」（木村 一九四六、二頁）。その崩壊がいかなるものであったかは同時代の論者によって無数に出されているが[3]、少なくとも崩壊に三つの側面があり、それが三つの問いとつながっていることは認めてよい。第一は社会的崩壊であり、これは国体の呪縛を解かれた反動でアトム化した個人をどう収束させるかという問いにつながる[4]。第二は経済的崩壊であり、統制経済の破綻をどう克服するかという問いが対応する。そして第三は原爆投下を頂点とする物理的崩壊であり、戦争をふたたび起こさないためにいかなる手立てをとるかという問いにつながる。かくして、終戦後日本が抱えた三つの崩壊に対し、知識人が背負うべき課題も三つあらわれることになる。重要なのは、これらがいずれも当時の人々の日常生活に密着しており、観念的な議論と回答とをゆるさなかったところにある。終戦後日本の社会科学が戦前のそれと異なる点があるとするなら、それは問題の日常性と切迫度に求められる[5]。食うや食わずの問題にいかなる答えを出すか。これが、戦後まもない日本の社会科学の背負った課題であった。そしてこの立場から、日本の社会科学はカーを求めたのである。

三　E・H・カーと三大課題

まずことわっておかなければならないのは、いま挙げた問題群に対し、カー自身はほぼ何も応えていない点である。[6] ここから、カーと日本あるいは日本知識人との接点が非常に薄いこと、[7] 戦後日本においてカーに対しては受容というはたらきしかみられないことがわかる。だが言い換えると、この構図ゆえに、日本側は一方的にカーの成果を選び、受け容れ、並べ替え、日本の知的文脈で位置付け直すことができた。だとすれば、何をどう受け入れ、いかなる問題意識のもとで位置付け直したのか。「社会科学者カー」の形成にあたっては、この選択的受容の中身が問われることになる。

そこで、戦後のカー受容を概観するところから検討をはじめたい。最も早い受容は一九四五年一〇月から八回にわたって『世界週報』に連載された「世界平和の基礎条件」であると考えられるが、書籍に限れば、表1のような内容でカーは日本に紹介されたようである。そのうえで、『平和の条件』から受容がはじまったとする西村の知見に沿うなら、戦後日本の社会科学という文脈では、『平和の条件』と『危機の二十年』とが分けられて知識人に膾炙していたことが重要になる。[8] 『平和の条件』は『危機の二十年』の続篇的位置にあり、カーの思想的発展を考えるなら二つをつないで理解することが適切なはずだからである。一方、この形跡が日本知識人の間には明確にみられない。[9] 日本におけるカーの選択的受容がはじまるのは、大体このあたりからと考えられる。

表１　1945～1957年にかけて翻訳されたカーの著作

	邦題（出版社）	原題	日本での刊行年	原著の刊行年	訳者	備考
1	『平和の条件』（研進社）	Conditions of Peace	1946.5	1942	田中幸利	第一部のみ翻訳
2	『西欧を衝くソ連』（社会思想研究会出版部）	The Soviet Impact on the Western World	1951.9	1946	喜多村浩	
3	『危機の二十年』（岩波現代叢書）	The Twenty Years' Crisis 1919-1939	1952.1	1939	井上　茂	
4	『革命の研究』（社会思想研究会出版部）	Studies in Revolution	1952.9	1950	音田正巳	
5	『ナショナリズムの発展』（みすず書房）	Nationalism and After	1952.11	1945	大窪愿二	
6	『ドストエフスキー』（社会思想研究会出版部）	Dostoevsky	1952	1931	中橋一夫 松村達雄	
7	『新しい社会』（岩波新書）	The New Society	1953.4	1951	清水幾太郎	
8	『浪漫的亡命者たち』（筑摩書房）	The Romantic Exiles: A Nineteenth Century Portrait Gallery	1953.10	1933	酒井只男	
9	『平和の条件』（建民社）	Conditions of Peace	1954.7	1942	高橋　甫	1944年版をもとに全訳
10	『カール・マルクス』（未来社）	Karl Marx: A Study in Fanaticism	1956	1934	石上良平	

（出典：NDL Online ならびに筆者保有の資料をもとに筆者作成）

表２　戦後日本の三問題に対応したカーの議論の再配置

状況	原因の分析	解決の土台となる考え方	解決に向けた実践
社会的崩壊	民族と国家の不一致	新しい「愛国心」	民主主義・国際主義との連結
経済的崩壊	自由放任的資本主義経済	「統制」「計画」	「社会化」
物理的崩壊	「強力的変更」としての戦争	「平和的変更」	新憲法と国連憲章に基づく平和国家化

（出典：筆者作成）

二つの本に関する選択的受容にも二通りの形が認められる。まず、『平和の条件』で示されたユートピアニズム批判に触れずして『平和の条件』に言及したものがある。[10] これとは別に、『危機の二十年』におけるリアリズムだけに言及し、『平和の条件』に触れない場合のものもある。[11] いずれにせよ、『危機の二十年』から『平和の条件』に至るカーの思想の発展が断たれていることに留意したい。例外的に尾高朝雄が二つをつないで論じているが、彼は両者を相反するものと捉え、カーの思想が前著から後著に移るにしたがって矛盾を呈したと理解している（尾高一九五五、五頁）[12]。

加えて、『平和の条件』に関しては、内容が文字通り選択されて受け入れられた経緯がある。知られる通りこの本には翻訳が二種類あって（カー一九四六、一九五四）、戦後間もなく出版された田中訳では、「新しいヨーロッパ」論を含む第二部が割愛されている。二つには約八年の隔たりがあり、翻訳を介して訳者が有した関心も異なる。だが、訳者に問題意識の共有があったという点がむしろ重要である。すなわち、カーが「なぜ日本が負けた（る）のか」という問いに対する回答として、そしてその後、「日本はこれからどうすればよいか」という問いへの回答として、本書が期待されたことである。

このような選択的受容の結果、カーは戦後日本の国内問題に対して知的方向性を与える存在と認識されることになる。前節で述べた三つの問題を踏まえると、表2にまとめられよう。そこで、それぞれについて次節以降やや踏み込んでみてみたい。

四　社会的崩壊への処方箋――「愛国心」の思想と実践

終戦まもない日本で、社会的崩壊はなぜ起きたか。カーの方から接近するとしたらそれは民族自決原則という誤った考えゆえであり、日本の事情から接近するとしたらそれは誤った原則の誤った適用ゆえであった。『平和の条件』によるなら、nation と state は広範囲において不一致であり、にもかかわらずその一致を前提に民族自決原則を一般化させて「危機」を招いた（カー 一九五四、七六―七八頁）ことになる。

帝国日本は、この誤った原則を内外両方で応用した。内にあっては皇民化政策を進めて「日本民族」を構築し、さらに民族と国家とが有機的に一体化したものとして「国体」を完成させた。「日本民族」にせよ「国体」にせよ、根幹には「家」という社会集団が措定され、その延長線に「国家」が位置付けられた。外にあっては大東亜共栄圏の基本原則の一つに民族自決が掲げられ、少なくとも形式上は東亜の自治と独立が謳われた。ここで、「家」「国体」「共栄圏」が、帝国日本を構成する社会原理となる。

戦後日本の経験した社会的崩壊とは、これら三者の崩壊であった。本章で重要なのは二番目である。戦前、国体は天皇を頂点とし臣民から構成される政体（polity）とされた。しかし実際のところそれは政体以上に体制（regime）であった。国体の崩壊とは臣民の有機的統合たる政体の崩壊と、立憲君主制たる体制の崩壊という二つを意味した。ここで、有機的結合を解かれた人々がアトム化する状況が生まれる。結合を解かれた人々は日本国憲法によって体制的には再び束ねられる。だが、「国体」に代わる政体が何であり、何をもってこれを正当化すればよいかという問いが残される。そして問題は「愛国心」という形で登場する。

戦後日本の知識人はこの「愛国心」問題に対し、少なくとも三つの方法で応えた。まず、精神主義的要素の強い「愛国心」を社会科学的検討に耐えうる「国民主義（あるいはナショナリズム）」へと変換した。次に、「健全か否か」という評価軸を導入し、「愛国心」を「よい」ものと「悪い」ものとに分類した。さらに、「よい愛国心」の内容と射程を延長して、これを「国際主義」「民主主義」と連結させた。以上によって、愛国をめぐる議論は「新」しく展開されるに至る（寺島 一九四七、清水 一九五〇）。三つは順不同であり、併用されていることが多い。ただ、以上のような操作を経ることで、少なくとも戦前戦中に通用していた「愛国心」が、「悪い」ものとして放棄される。

この一連の作業を引き受けた一人に横田喜三郎がいる。彼は世界国家の成立可能性という文脈から「愛国心」の問題を論じ、「愛国」と「国際主義」が両立するものであると述べた（横田 一九四八）。彼によれば、「いわゆる愛国」には「利己的／極端な」なものと「協同的／穏便な」なものの二つがある。そして後者を採用する限り、それは「国の利益と発達」をもたらし「真の愛国」たるにふさわしい（横田 一九四八、六一―六二、六八―六九、七二―七四頁）。しかも、協同的な愛国は「国際主義」とコインの両面をも構成している。

こうして「愛国」と「国際主義」との両立可能性を説いた後、横田はこれを「民主主義」と接続させ、三者による統一体を論じた。『民主主義の広い理解のために』の冒頭、彼は民主主義が国内に限らないことを述べる（横田 一九五一、三頁）。彼において民主主義は、内容を表す「（狭義の）民主主義」とやり方を表す「民主政治」とに二分され、国内の「民主主義」と「民主政治」がほぼそのまま国際的文脈に展開される。

こうした横田の取り組みについて一つだけコメントしておこう。それは、横田による愛国／民主主義／国際主義の一体化を理論的に支えたのは、カーというよりH・ケルゼンであり、にもかかわらず横田の作業が結果的にカーの思考と重なった点である。このことは、第三の問題に関連した「平和的変更」に関連するため、頁を改めて詳述したい。

五　経済的崩壊への処方箋――「統制」「計画」の思想と実践

一九四七年に出された第一回『経済実相報告書』は冒頭、政府、民間、家計の財政がいずれも「かなり長い間赤字」であり、その結果縮小再生産につながることを指摘した（経済安定本部、一九四七＝一九七五、六―一四頁）。だが戦後すぐの日本で、経済的崩壊は生命基盤を直に揺るがすものであった。一九四五年は冷害と凶作の年であり、食を求める運動は翌年五月の「飯米獲得人民大会」で頂点を迎える。空襲後の都市部にあっては、引揚者の増加と迫り来る冬を前に、約四一〇万戸の住宅が不足すると計算された（西山　一九四六、一一頁）。経済的崩壊の原因とそれへの方策とを考えることは、知的課題を超え、死活問題であった。

日本の社会科学において経済的崩壊の原因を考える際、『平和の条件』（カー　一九五四、四〇、一〇五―一四三頁）が示唆的だったのは登場のタイミングである。つまりこの本は、経済的危機やその崩壊について、日本の社会科学が本格的に再始動する前に、日本の社会科学に先んじて説得力ある見解を（厳密に言えば戦前の時点から）出す格好になったのである。意外かもしれないが、日本の経済的崩壊の経緯や原因を包括的に論じた論考は、一九五二～五三年あたりまで待たなくてはならない[13]。そして後に出た総括では、カー以上にマルクス主義的見解に基づいた分析が加えられた（有沢　一九五二、九三―一一〇頁、楫西ほか　一九五三）。一方、このような論考以前に、自由放任的資本主義経済が「大戦の根本問題」の一つたる「経済的危機」を構成していたとするカーの議論は、その後の著作も含め、当時の日本知識人に少なからぬ反応を残すことになった。都留重人による『西欧を衝くソ連』の書評や、複数の雑誌上でなされた『新しい社会』の書評などは、そのあらわれと言ってよい。

これとは別に、カーと日本の社会科学との関係を考えたときに興味深いのは、原因の分析以上に処方箋の検討であった。ここで鍵となったのは「統制」と「計画」という二つの言葉であり、さらには両者の性格である。カーは、『西欧を衝くソ連』のなかで「計画」の思想にふれ、それが「社会改革の要求に結びついたものではなくて、むしろ国民的危機の産物」だったと述べる（カー 一九五一、六一頁。傍点は原文）。そして、一九二八年にはじまる第一次五カ年計画をとりあげ、戦時になされるべき経済統制が平時に実施されたことを指摘する（カー 一九五一、六六、九三頁）。さらに『新しい社会』では、「自由放任の資本主義」から「計画」への移行を促したものは、社会的変革ではなく戦争であったこと、それは「社会的正義の要求ではなくて、国家的能率への要求」に基づいたものであることを述べ、自らの考えを補強している（カー 一九五三、五一、五五頁）。社会的公正ではなく危機対応として統制があり計画がなされるという指摘は重要である。危機である限り平時戦時を問わずに統制があり続けることを意味するからである。そして平時における「計画」は、自由放任主義からの転換も示唆するからである。

日本側にあってこの流れに近い議論を展開した一人に、経済学者の中山伊知郎がいる。彼は既に開戦前から、「戦時経済」と「戦争経済」という二つの言葉を分けて使っており、前者を戦争によって攪乱され変形した経済として、後者を戦争と結びつくことで生み出された「一つの新しい型」として、それぞれ理解していた。そして、前者が自由経済を基調とする反面、後者が自由経済を超えた存在であることも述べている（中山 一九四一＝一九七三、二一一―二一二頁）。彼は、戦後間もない時期から「戦後経済が戦時経済の直接の連続」であり（一九四五＝一九七二、六頁）、統制経済が自由経済のための「過程的手段」であってそれによって自由経済が「自己革新」する（一九四五＝一九七二、一四頁）と論じていた。

一方、法学の視点から似た点に言及したのが我妻栄である。著作『経済再建と統制立法』が類似する書籍と一線を画するのは、この本が戦時統制立法と戦後統制立法とに跨がりつつ、前者の廃止か後者の制定かという択一的断絶的見解をとらなかった点にある。根底には、「資本主義の発達に伴う法律制度の推移を研究することを、終生の課題」（我妻一九四八、三頁）とした姿と、それに基づき、私法原理が「契約の自由」と「財産権の絶対」を柱として「自由」を謳うものから「配分的正義」と「公共の福祉」を柱とする「平等」を謳うものへと展開してゆく（しかもそれが一方的に進むのではなく「錯綜」し「漸次」に進む）と考えた彼の思想がある。戦後における「計画」の実施をのちに中山は「経済民主主義」と表現したが、我妻はその「経済的民主々義とは、一国の経済についての意識的な企画を伴わない、自由放任主義でなければならぬのであらうか」（我妻一九四八、一頁）と問うている。

さて、戦後日本の直面した経済的崩壊とは、端的に言って統制経済の破綻であった。したがって、その克服は統制経済の克服を意味した。ただ、それが統制経済から自由経済へのまっすぐな移行ではなく、戦争遂行のための「計画」から戦後復興のための「計画」への移行を指し、統制そのものはむしろ維持されたことに再度注意しておこう。そのうえで、平時における「計画」の思想が「経済民主主義」と呼ばれた一方で、方法については「社会化」という名前で呼ばれることになる。有沢広巳はこの「社会化」を、①経済における私的支配の排除と②官憲的国家統制の拒否とから構成されると論じ（有沢一九四八、一二五頁）、平野義太郎は、私的利潤追求を矯正して「生産・流通の全過程を社会的に組織化し計画的に規制せんとする」ものとした（平野一九四七、一頁）。

こうした一般的定義についてはあまり対立点がないものの、「社会化」の具体的方法については少なくとも二つの方策が示された。第一は、経済復興の起点を農業にもとめ、生産・集荷・金融・流通を共同のものにして食糧増産と「農業経営の社会化」を果たし、その後「中小工業の社会化」を目指す方法である（平野一九四七、三一―四頁）。第二は、経済復興の起点を石炭にもとめ、「石炭の生産に向つて、すべての経済政策を集中的に傾斜せしめ」、「基礎的部門の生産引き上げ」と「これを梃とした生産水準の上昇」とを図る方法である（有沢一九四八、六九頁）。後者の「傾斜生産方式」が採用されたことは歴史的事実であるが、これをカーの戦後復興案と比較するならば（カー一九五四、一七七―一八一頁、山中二〇一七b、二〇五―二〇六頁）相対的に平野の考えていたものに親和的だったとみることもできる。ただし先述の通り、この部分にあたる箇所は田中版『平和の条件』において割愛され、原書にアクセスできた者以外に思考を連続させることは困難であった。

六　物理的崩壊への処方箋――「平和的変革」の思想と実践

終戦直後、首都圏都市部の破壊率は五〇パーセントを超え、一七都市においては最大八八パーセントに上った（Koolhaas and Obrist 2009, pp. 78-79）。この物理的崩壊に対して日本側がとった実践は一面明らかであった。ＧＨＱ下における日本の民主化と新憲法導入に象徴される平和国家化である。この実践を思想的に支えたのが「平和的変革」という考えであった。だが、戦後すぐの日本の文脈ではこの考えがストレートに適用されない。やや込み入った迂回が必要なのである。それは日本国憲法の文言で言う「平和を愛する諸国民の公正と信義に信頼して、われらの生存と安全を保持」するという部分にかかってくる。「平和的変革」

という思考の何が、この文言につながったのか。

はじめに、「平和的変革」の意味をカーに遡って確認しておこう。『危機の二十年』においてこの考えは、国内にあっては必要かつ望ましい変革を革命抜きに実現すること、国際にあっては戦争抜きにそれらを成し遂げることを意味した（カー 二〇一一、三九五頁）。背景には、「持つもの」と「持たざるもの」、「満足するもの」と「満足せざるもの」との対立がある（カー 二〇一一、四〇二頁）。この構図は『平和の条件』の序論でも継承され、「満足せざるもの」によって革命が引き起こされたこと、「戦後世界の政治的、社会的、経済的諸問題」へは、「満足するもの」がとりがちな安定ではなく、革命によって接近してゆかなければならないことが述べられる[14]（カー 一九五四、二一頁）。カーの議論が、第二次大戦前あるいはそのただ中になされたこと、そして本章で扱った三つの崩壊すべてにあてはまりうることに留意しておこう。そのうえで考えるべきは、「戦後日本」の「物理的崩壊」に対してこれがいかなる処方箋を示すことになったか、である。

ここで、第三節で中断していた横田喜三郎の議論を再登場させたい。彼は戦後日本の「社会的崩壊」に対して、「愛国心」を民主主義と国際主義を連結させて実践するよう説いた。「平和的変革」の文脈で考えるなら、民主主義との連結が国内における平和的変革、国際主義との連結が国際的な平和的変革に、それぞれ該当する。ただ重要なのは、今述べた対応関係の成立以上に、対応自体を可能にした論理である。というのも、この論理があってはじめて、本来であれば直ちに接続されない「平和的変革」と日本の平和国家化が、説得力をもってつながるからである。管見の限り横田は、終戦後まもない時期に「平和的変革」を本格的に検討したほとんど唯一の社会科学者である。この点は、終戦後の社会変容をマルクス主義的意味での「革命」として把握し、実践しようとした多くの社会科学者と異なるものであり、注目に値する。だが周知のように横田は社会科学者というよりは法学者であり、さらにはケルゼン学徒（Kelsenite）である。実際、彼の説いた世界国家論はケルゼンの純粋法学が下敷きになっている（池田 二〇一七、一四三―一四四頁）。だから横田の方法論は基本的にカーによるものではない。にもかかわらず、それを支えることになったのが、カーの「平和的変革」論であった。

横田は『国際連合の研究』の終盤で「平和的変更」と呼びこれを取り上げる。彼は、「法によって保障されている」現状と、「自然的な事実的な変化」とを一致させるべく前者を後者に適合させることが平和的変革の内容だと考え、戦争にうったえる「強力的方法」と対置する（横田 一九四七a、二二五―二二六、二二七―二二八頁）。そしてこれ以降、基本的にはカーの議論をそのまま受け容れて論を展開する。つまり、①平和が動的過程であること（横田 一九四七a、二二九、二三二頁）、②「平和的変更」は道義の要求に基づくが「唯一の基礎条件」ではないこと（横田 一九四七a、二四四―二四六頁）、③しかし現実には「実力が変更を要求し、強制する」わけであり、「平和的変更が成立するためには、実力のある国家がこれを背景として現状の変更を要求し、他の国がこれを承諾するように強制することが必要である」こと（横田 一九四七a、二四六―二四八、二五〇頁）である。①については『平和の条件』が、③については『危機の二十年』がそれぞれ直接引用されている（②についても『危機の二十年』第八章の内容と重なるところがある[15]）。

動的過程として平和を捉え、実力の行使を不可欠の要素とし、さらには実力のない国については「不本意ながら変更を考慮する」ことまで考えた横田の議論は、ケルゼン学徒として国際法秩序を支持し、それを「国際組織法の理論」をもって敷衍し（横田 一九四九）、さらにはこの法に対応する政体として「世界国家」の概念を導入したうえで国際連合を具体例に想定した（横田 一九四八）、彼の秩序論からは距離があるように思われる。もちろんこの距離は、ケルゼンの法学が制裁《sanction》を軸に成立しており、ケルゼンの国連憲章分析にも反映されていることを考慮すれば縮まる（Kelsen 1950, p. 735）。だがそうであっても、「大国の態度は平和的変更を行ふのに適し、小国のそれはこれに適しない」（横田 一九四七a、二六七頁）と論じた横田の姿勢は、「小国の運命に対してきわめて冷淡である」（遠藤 二〇〇三、五五頁）とされたカーの姿勢と重なる。そして、平和的変革を強制する部署が安全保障理事会であり（横田 一九四七a、二六一頁）、重大な事例に至っては五大国からなる「特別理事会」として非常任理事国すら外すとした横田の議論（横田 一九四七a、二六八頁）は、単一あるいは少数の参謀本部と軍事基地から構成される「世界安全保障機構」が国際秩序における力のあらわれとなると予想したカーの議論（カー 一九五二、八五頁）と重なる。横田は、このような内容をもつ平和的変革論が「正当な解決をもたらすものではない」ことについて、ある程度批判を認める（横田 一九四七a、二六八頁）。だがそれを踏まえてなおも「有用だ」として、次のように締めくくるのである。「カー教授のいふように、その有用性を否定することは偽善であるといはなくてはならぬ」（横田 一九四七a、二六九頁）。

かくして、「平和的変革」をめぐる横田の議論は、方法的にはケルゼンによりながらも、政治的方向としてはむしろカーに沿っていたことが明らかになる。すなわち、平和的変更自身の必要であり、しかもそれが道義に基づきつつ実力でなされる必要であり、さらにはそれを大国がおこなう必要である。そしてこの方向が日本に向けられるとき、横田の民主主義論が日本における平和的変革論として理解されることになる。それは「国際民主主義」という名で国際法秩序たる国連憲章の中に「事実上の下位規範」として日本国憲法を組み入れることであり、国連憲章が制裁を軸に平和的変革を実施できる仕組みを整えることであり、その仕組みのもと日本が「平和を愛する諸国民の公正と信義に信頼して、我らの生存と安全を保持」することである。ちなみに、この議論には一つの展望が隠されている。以上が成功裡に実践される限り、日本は「一等国」に返り咲くというものである。終戦直後の日本は「四等国」であり（横田 一九四七b、二〇五―二〇六頁）、平和国家化によって「一人まへ」に戻る必要があった（横田 一九四七a、二―三頁）。だが、国内における平和的変革は、単に失った国際的地位の回復以上の意味をもった。横田であれカーであれ、国際的な意味で平和的変革を考えるとき、「小国でないかどうか」は決定的要素だったからである。ここにおいて、国内における平和的変革論は、国際的な平和的変革論に直結する。そしてそれは、単なる平和主義の議論を超え、結果的に大国政治の理論の一角を占めることになるのである。戦後日本においてそれがラディカルたりえたのは、ひとえに、それを軍備と戦争によらずしておこなおうとした点にあった。

七　おわりに――「新しい時代の新しい社会科学者」

以上、三つの問題を取り上げながら、戦後まもない日本の社会科学とカーとの邂逅を概観してきた。そこでカーは、三つの問題に対する知的方向性を打ち出す存在として期待された。そして日本の社会科学者たちは、カーの著作を選択的に受容するなかで、「愛国心」を「民主主義」「国際主義」と連結させ、「統制」「計画」を「社会化」と連結させ、「平和的変更」を国際連合による一元的な武力制裁とそれに基づく日本の平和国家化と連結させることで、問題の解決を図ったのである。これらは、当時の日本の文脈で考えるなら相当にラディカルな処方箋であり、その意味で、終戦後日本で受容されたカーは、「新しい時代」における変革に方向性を与えた「新しい社会科学者」だったのである。

そのうえで、章を閉じるにあたっていま一つ問いを考えてみたい。なぜ、カーはその後、「リアリスト」として固定化されたのか、である。

清水幾太郎は、論文「「ヒューマニズム」の性格」のなかで、戦後日本に現れた「ヒューマニズム」の論説が二つの特徴をもつと述べたことがある（清水 一九四七）。第一は歴史的発展を概観した「西洋思想史」であり、第二は「読者に向つて或る気分乃至態度を与え」るものであった（清水 一九四七、三頁）。注目すべきは後者である。清水は、戦後直後にあらわれた「ヒューマニズム」が「読者の側に何らかの関心を予想して」登場し、その「関心」に「応えながら、これを或る方向に固定させ」「輪郭」を与えたという（清水 一九四七、三頁）。この「関心」に応えられるならそれでよい。問題はそれが読者の「意に満たぬ」場合である。清水は、ヒューマニズムを実現する手段が不十分であるとき、それへの「不満が直ちに理想の放棄を惹起せぬ限り、残された道はただ一つしかない筈である」（清水 一九四七、三頁）という。彼はこの「ただ一つ」の道が何かを明確には語っていないし、本章にとってあまり重要でもない。むしろ問題は、「直ちに理想の放棄を惹起」することにある。

カーの文脈でこれを敷衍するなら、「リアリスト」として次第に固定化されていったのは、ある一点でカーが戦後日本の社会科学の「意に満た」なかったから、ヒューマニズムを実現する手段として不十分だったからである。それは核の問題をめぐってである。もとより、これまで挙げてきたカーの著作の多くは核の登場前に出たものである。だが日本側として、それはともかくも意に満たなかったのである。広島・長崎両市が原子爆弾によって空前の被害を被ったことは、日本の終戦が、日本における物理的崩壊を伴った以上に将来世界の物理的崩壊を予感する出来事となった点で、衝撃であった。したがって、物理的崩壊をいかに食い止めるかという問いは、日本以上に世界的文脈で問われるべきものとなり、実際日本より先に海外において回答が提起されるに至った。それが「世界政府」である。カーにおいて、世界政府が自らの示すべきものでなかったことは、『危機の二十年』の論理からも明らかであった。そうしたなかで、先に触れた横田の「世界国家論」などを、世界政府論とカーの国際政治論との折衷とみることはできよう。しかしそれでさえ、

「平和的変革」として肯定された実力を伴う変更は、純粋法学と国連憲章が（図らずも）ともに用いた「制裁」という言葉とともに、ケルゼンの側に回収されることとなった。そして戦後日本の社会科学は、核の問題についてカー以上に「世界政府」論から解を得ようとし、一九五七年の時点で事実上カーに対する言及を止めるのである。[16] 彼の再登場は一九六二年、清水幾太郎による『歴史とは何か』の翻訳を待たなければならない。

なぜ戦後日本の社会科学はカーをもとめたか。そしてそこから離れたのか。その理由は、彼が戦後日本の背負った難題に答えを出すと期待されたからである。そしてその期待が部分的であれ裏切られたからである。この期待と失望が一方的なのはいうまでもない。だが、当時の日本にあって期待が社会の原動力として与った点も看過できない。以上を明らかにすることで、「社会科学者カー」が登場し、退場した理由の一端を、つかむことができるだろう。

注

（1）これは、『織工事情』に代表される工場での劣悪な労働条件をどう改善するかという問題である。岡實（一九一三、二〇六―二一二頁）を参照。

（2）『平和の条件』を訳した高橋甫のあとがきを参照（ただし、高橋は「政治能力」での敗北という）。こうした考えは戦後も続く。たとえば田中耕太郎は人文科学委員会の発足にあたって当時の「科学政策」がその「方法態度」について「自己が捻出した一種のイデオロギーによつて方向づけようとした」（田中 一九四七、一一九頁）とし、角川源義は一九四九年の角川文庫発刊にあたって日本の敗北を「文化力の敗北」とみた（「角川文庫発刊に際して」）。また和辻哲郎は著作『鎖国』の冒頭、「日本民族の劣等性」の一つとして「科学的精神の欠如」を指摘している（和辻 一九五〇＝一九八二、一三頁）。

（3）こころみに戦後すぐに創刊されたいくつかの総合雑誌をみると「日本国は滅びなければならぬ」（『世界』における有沢広巳）（有沢 一九四六、三二頁）、「敗戦による「虚脱」と「狂奔」の混乱の最中に彷徨を続けてゐる」（『世界文化』創刊号・編集後記）といった言葉が並ぶ。石田雄は後年、終戦後日本で「国家」と「社会」の双方が崩壊したことを論じたが（石田 一九八四、一六三頁）、とりわけ後者は、木村健康の言う「物質生活はあるが経済生活は存在しない」（木村 一九四六、三頁）という状況に近い。

（4）例えば中川善之助は、終戦後日本を、雪崩に巻き込まれながらも生き返った男の経験になぞらえて語っている（中川 一九四六、三五―三六頁）。男は雪崩という巨大な外の力に巻き込まれ、それに抗しつつ一端は力尽きる。その後救い出されるわけだが、救われた直後男は全力で雪崩に抵抗していた名残から手足をばたつかせて周りの人間を傷つけてしまう。それまでに受けた抑圧の強さと、それに抗していた力の強さ、そして抵抗の名残から制御不能に行使された自身のエネルギーという三つが、擬人たる日本を通して象徴的に描かれている。

（5）この点が戦前日本の社会科学になかったというのは酷である。しかし知識人が市井の人々の暮らしから遊離していたこともまた否めない。だからこそ、先述の木村は「明治以来我々の根本的欠陥の一つは我々の標榜する思想と我々の生活とがつねに分裂有利して来たといふこと」（木村 一九四六、四頁）だとしてこれを批判したのである。

（6）カーが日本の読者に向けて直接メッセージを発信した機会は二度ある。第一は高橋版『平和の条件』に寄せたはしがきである。第二は、一九五一年元旦の『朝日新聞』のために書かれ、高橋版『平和の条件』の末尾に収録された「移りゆく世界像」という小文である。だが両方とも、終戦後日本の状況に対してカーが何かを考察した内容とは言い難い。

（7）ただし、慶応大学助教授（当時）であった内山正熊がこの時期英国留学中であり、高橋は内山を介してカーにいくつか「教を乞うている」（カー 一九五四、三四七頁）。

（8）この点は、『危機の二十年』と『平和の条件』を摂取し評価した人物が別々であること（前者は法哲学者、後者は社会学者）、また両者をつなげて理解した人物が後述のように尾高朝雄しかいないことによる。

（9）高橋は二冊を座右の書としたと述べる（高橋 一九四六、三四五頁）が、これによってカーの思想的発展まで再現できたかは不明である。

（10）例えば蝋山政道（蝋山 一九五二）や井上茂（井上 一九五五）。

（11）例えば中村哲の編集による『政治学概説』（中村 一九五三）。この本では『危機の二十年』『平和の条件』がともに取り上げられているものの、複数著者によるテキストであるため、別々の筆者が別々に扱っている。その結果、構成上はともかく議論として両者が連携しているさまが認められない。

（12）ちなみにこの論文では、カーの著作のどの部分から引用・参照をしたのかが明らかでない。

（13）こころみに創刊号以降の『世界』について、目次からその内容を簡単に検討すると、新憲法の制定や民主化、社会の変革といった、戦後日本の方向性を扱ったものと並んで、時々に注目を集めた時事に関する論考が目立つ。朝鮮戦争、講和問題、アジアの状況、ＭＳＡを経由した再軍備問題などである。

（14）このような議論の流れを追うとき、カーは結局「変革」をのぞんだのか「革命」をのぞんだのかが、よく分からなくなってくる。これは、「社会的変革」を論じた『危機の二十年』時代と、「革命」がもたらす社会的（そしてどちらかと言えば肯定的）インパクトを論じた『平和の条件』『西欧を衝くソ連』時代とにおいて、揺れ動いた対ソ感情が影響しているかもしれない。この点に関しては塩川（二〇一六、二七―二八頁）を参照した。

（15）ちなみに横田は双方の引用について自ら翻訳しているようである。少なくとも、本書が出た時点で江湖になっていた田中版『平和の条件』における訳文は用いられていない。

（16）だが図らずも一九五七年は、その「世界政府」論に対する決定的な批判が田畑茂二郎によって放たれることにもなる（田畑一九五七a、一九五七b）。

参考文献

有沢広巳　一九四六「不可避的なもの」『世界』三号（一九四六年三月）、三一―四八頁。
――　一九四八『インフレーションと社会化』日本経済社。
――　一九五二「戦後の日本民主化の過程と問題　Ⅱ経済」『岩波講座「教育」（第二巻）』岩波書店、九三―一四七頁。
池田丈佑　二〇一七「近代日本における超国家思想――世界国家、世界社会、世界政府」、大庭弘継編『超国家権力の探究――その脆弱性と可能性』南山大学社会倫理研究所、一三九―一五五頁。
石田雄　一九八四『日本の社会科学』東京大学出版会。
井上茂　一九五五「小国存立の条件――国際社会の法的構成過程の考察・序説」『法と国家権力Ⅲ（法哲学年報一九五五）』一三五―二〇八頁。
遠藤誠治　二〇〇三「『危機の二十年』から国際秩序の再建へ――E・H・カーの国際政治理論の再検討」『思想』九四五号（二〇〇三年一月）、四七―六六頁。
岡實　一九一三『工場法論』有斐閣。
尾高朝雄　一九五五「国家権力と国際平和」『法と国家権力Ⅲ』一三一―四七頁。
カー、エドワード・ハレット　一九四六『平和の条件』田中幸利訳、研進社。
――　一九五一『西欧を衝くソ連』喜多村浩訳、社会思想研究会出版部。
――　一九五二『危機の二十年』井上茂訳、岩波現代叢書、岩波書店。
――　一九五二『ナショナリズムの発展』大窪愿二訳、みすず書房。

――― 一九五三『新しい社会』清水幾太郎訳、岩波新書、岩波書店。
――― 一九五四『平和の条件』高橋甫訳、建民社。
――― 二〇一一『危機の二十年――理想と現実』原彬久訳、岩波文庫、岩波書店。
楫西光速・宇佐美誠次郎・遠山茂樹　一九五三「太平洋戦争と日本帝国主義の崩壊」『日本資本主義講座（第一巻）』岩波書店、一二七―二三八頁（ただし実際の執筆分担は、上記三名に加えて齋藤孝、安藤良雄、今井清一、藤田省三、藤井松一、藤原彰、鈴木徹三が加わっている）。
角川源義　一九四九「角川文庫発刊に際して」。
河合栄治郎　一九三一＝一九五二『社会政策体系（上）（現代教養文庫版）』現代思想研究会出版部。
河田嗣郎　一九二五『社会問題体系（第一巻）』有斐閣。
木村健康　一九四六「再建の前提」『世界』三号、二―九頁。
経済安定本部　一九四七「経済実相報告書」『復刻　経済白書（第一巻）』日本経済評論社、（一九七五）所収。
塩川伸明　二〇一六「E・H・カーのロシア革命論」『社会科学研究』六七巻一号、二五―四九頁。
清水幾太郎　一九四七「ヒューマニズムの性格」『世界』一四号（一九四七年二月）、二―一二頁。
――― 一九五〇『愛国心』岩波書店。
――― 一九五二「現代文明論」『岩波講座「教育」（第一巻）』岩波書店。
高島善哉　一九五〇「社会科学とは何か」『社会科学の基礎理論（社会科学講座第Ⅰ巻）』弘文堂、一―二二頁。
田中耕太郎　一九四七「人文科学の振興について」『人文』創刊号（一九四七年三月）、一二九―一三四頁。
田畑茂二郎　一九五七ａ「世界政府論の現代的意義」『国際政治』一号、一七三―一八六頁。
――― 一九五七ｂ『世界政府の思想』岩波書店。
寺島徳治（編）　一九四七『新愛国論　民主主義と愛国の理想』文理書院。

中川善之助　一九四六「生き返る男」『社会圏』一巻二号（一九四六年一一月）、三四―三六頁。
中村哲　一九五三『政治学概説』日本出版共同。
中山伊知郎　一九四一＝一九七三『戦争経済の理論』『中山伊知郎全集（第一〇集）』講談社（もとは同名で一九四一年に日本評論社から発刊された書籍）一―二一四頁。
――　一九四五＝一九七二「戦後経済の展望」『中山伊知郎全集（第一一集）』講談社、六―一九頁（もとは『日本評論』一九四五年一〇月号掲載）一―二〇四頁。
西村邦行　二〇一四「日本の国際政治学形成における理論の〈輸入〉――E・H・カーの初期の受容から」『国際政治』一七五号、四一―五五頁。
西山夘三　一九四六「特輯・新日本の住宅建設」『新建築』二一巻一号（一九四六年一月）、一―八二頁。
平野義太郎　一九四七「社会化の理念」平野ほか『社会化の研究』東洋経済新報社、一―五〇頁。
福田徳三　一九八〇『生存権の社会政策』講談社。
山中仁美　二〇一七a『戦間期国際政治とE・H・カー』岩波書店。
――　二〇一七b『戦争と平和のはざまで――E・H・カーと世界大戦』ナカニシヤ出版。
横田喜三郎　一九四七a『国際連合の研究』銀座出版社。
――　一九四七b『戦争の放棄（新憲法体系四巻）』国立書院。
――　一九四八『世界国家の問題』同文館。
――　一九四九『国際組織法の理論』有斐閣。
――　一九五一『民主主義の広い理解のために』河出文庫。
蝋山政道　一九五二『政治学原理』岩波書店。
我妻栄　一九四八『経済再建と統制立法』有斐閣。

和辻哲郎　一九五〇＝一九八二『鎖国――日本の悲劇』岩波書店。

Kelsen, Hans 1950 *The Law of the United Nations: A Critical Analysis of Its Fundamental Problems* (*with Supplement*), Frederick Praeger.

Koolhaas, Rem and Hans Ulrich Obrist 2009 *Project Japan: Metabolism Talks...*, Taschen.

あとがき

本書は「カー研究会」の研究成果である。この研究会は、山中仁美・三牧聖子・清水耕介を中心として二〇一二年に発足し、池田丈佑・上野友也・小林誠・佐藤史郎・瀧口順也・陳慶昌・角田和広がメンバーとなって始動した。清水と陳は、龍谷大学国際社会文化研究所のプロジェクト「変動する国際社会と文化――現代と一九三〇年代との比較研究」（二〇一七―二〇一九年度、代表者：清水耕介）のメンバーでもあり、カー研究会と強く連動した。二つの研究会は、一九三〇年代に一般大衆に影響力をもった知識人の一人として、E・H・カーに着目していたからである。なお、本書を出版するにあたっては、龍谷大学の「二〇二二年度国際社会文化研究所叢書出版助成」に支援をいただいた。厚くお礼を申し上げる次第である。

私たちメンバーは、研究対象や時代も様々であるが、カーという人物は、多様なメンバーを惹きつける、実に魅力的で、多面的な思想家である。研究会を重ねるたびに、カーの著作を読むことの楽しさと意義を発見し、共有するようになっていった。その中心となったのは、キール大学のスガナミ・ヒデミ指導教員のもとでカーに関する論文でPh. D.を取得し、欧米と日本で精力的にカーに関する研究成果を公表していた山中さんであった。

その後の研究会のあゆみは平坦ではなかった。二〇一四年九月、研究会は深い悲しみに包まれた。山中さんが癌で永眠されたのである。山中さんの業績や人柄については、佐々木雄太「監訳者のあとがき」（山中仁美『戦争と戦争のはざまで――E・H・カーと世界大戦』佐々木雄太監訳、ナカニシヤ出版、二〇一七年、所収）と、大島美穂「解説」（山中仁美『戦間期国際政治とE・H・カー』岩波書店、二〇一七年、所収）をご覧いただきたい。この二点を読んでいただければ、山中さんが抜群に優れた研究者であることはもちろん、周りから親しまれ、愛された素晴らしい人物であったことがすぐにおわかりいただけると思う。

その後の約二年間、研究会はストップしたままであった。しかし、カーの著作に触れることの楽しさ、その歴史的・現代的な意義を世に伝えるため、二〇一六年九月、研究会を再開した。その過程で、カーや、カーと同時代に活躍した知識人について興味深い研究を行っていた高橋良輔・西村邦行・山田竜作に新たにメンバーとして加わっていただいた。急なお願いであったにもかかわらず、三方が快諾してくださったことで、カーの多面的な思想をさらに掘り下げることができた。心から感謝を申し上げたい。

けれども、二〇二一年三月、研究会は再度悲しみに見舞われた。高橋さんが癌のため他界されたのである。私たちの手元には、「E・H・カーの国際秩序構想――複合危機から複合秩序へ」と題した高橋さんの報告レジュメが残されている。高橋さんは、現在の国際秩序の危機を、カーの国際秩序構想の論理構成を探究することを通じ、解明しようとしていた。執筆に粘り強く取り組まれていた高橋さんが闘病のため、執筆を断念されたのは二〇二〇年の七月末であった。完成していれば、カー研究に新たな地平を切り開く、独創的な論文となったはずだ。

本書を編むなかで、二人の大切な仲間を亡くし、当初の予定よりもずいぶん遅い刊行となってしまった。しかし、山中さんと高橋さんが残してくれた知は決して消えることも、色褪せることもない。残された私たちは、その知を継承し、発展させていくことができる。二人が本書の刊行を誰よりも喜び、笑って受け取ってくれることを確信して、執筆者一同、本書を故・山中仁美と故・高橋良輔に捧げたい。

また、本書の表紙の、なんとも魅力的な微笑を浮かべたカーの写真は、カーの孫であるデイヴィッド・カー（David Carr）氏に提供していただいたものだ。デイヴィッド氏は、日本で、カーの生涯とその多面的な業績を紹介する本書が出版されることを心から喜んでくださり、何枚もカーの写真を見せてくれた。どれも魅力的な写真だったが、デイヴィッド氏の記憶にあるカーに最も近いのが、この晩年の写真だということで、氏への感謝もこめてこの写真に決めた。

外交官や文筆家として華々しく活躍していた頃のカーの写真を見ることは多い。しかし、晩年のカーの写真は珍しい。カーは、その学者人生において何度も挫折や幻滅を感じた人物だったが、晩年のカーの、少し寂しさを滲ませたこの笑みは、何を物語っているのだろうか。読者の想像に任せたい。

最後に、編集者として、長い間「カー研究会」の歩みを見守り、出版の機会を与えてくださったナカニシヤ出版の酒井敏行さんに心から感謝を申し上げる。

二〇二二年二月

佐藤史郎・三牧聖子・清水耕介

【執筆者紹介】（執筆順、＊は編者）

山田竜作（やまだ　りゅうさく）　第一章

一九六七年生まれ。創価大学国際教養学部教授。英国シェフィールド大学大学院社会科学研究科博士課程修了。Ph.D.（Political Theory）。政治理論・政治思想史専攻。主な業績に、『大衆社会とデモクラシー――大衆・階級・市民』（風行社、二〇〇四年）、『シティズンシップ論の射程』（共編著、日本経済評論社、二〇一〇年）、*The Anthem Companion to Karl Mannheim*（分担執筆, Anthem Press, 2018）など。

上野友也（かみの　ともや）　第二章

一九七五年生まれ。岐阜大学教育学部准教授。東北大学大学院法学研究科博士課程後期修了。博士（法学）。国際政治学専攻。主な業績に、『膨張する安全保障――冷戦終結後の国連安全保障理事会と人道的統治』（明石書店、二〇一二年）、『戦争と人道支援――戦争の被災をめぐる人道の政治』（東北大学出版会、二〇一二年）、『日本外交の論点』（共編著、法律文化社、二〇一八年）など。

＊清水耕介（しみず　こうすけ）　第三章

一九六五年生まれ。龍谷大学国際学部教授。ニュージーランド国立ヴィクトリア大学政治学・国際関係学大学院博士課程修了。Ph.D.（International Relations）。ポスト構造主義・ポストコロニアリズム専攻。主な業績に、*Critical International Relations Theories in East Asia*（編著, Routledge, 2019）、*Multiculturalism and Conflict Reconciliation*（共編著, Palgrave/Macmillan, 2014）など。

*佐藤史郎（さとう　しろう）　第四章

一九七五年生まれ。東京農業大学生物産業学部教授。立命館大学大学院国際関係研究科博士後期課程修了。博士（国際関係学）。国際関係論・安全保障論・平和研究専攻。主な業績に、『安全保障の位相角』（共編著、法律文化社、二〇一八年）、『日本外交の論点』（共編著、法律文化社、二〇一八年）、『国際関係論の生成と展開――日本の先達との対話』（分担執筆、ナカニシヤ出版、二〇一七年）など。

瀧口順也（たきぐち　じゅんや）　第五章

一九八〇年生まれ。龍谷大学国際学部准教授。英国マンチェスター大学大学院人文学研究科博士課程修了。Ph. D.（History）。ヨーロッパ近現代史・ソ連政治文化史専攻。主な業績に、*Russia's Home Front in War and Revolution, 1914-1922, Book 4: Reintegration - The Struggle for the State*（分担執筆, Slavica Publishers, 2018）、『ロシア革命とソ連の世紀　第4巻　人間と文化の革新』（分担執筆、岩波書店、二〇一七年）、『ロシアの歴史を知るための50章』（分担執筆、明石書店、二〇一六年）など。

西村邦行（にしむら　くにゆき）　第六章

一九八〇年生まれ。南山大学法学部准教授。米国フロリダ大学政治学部博士課程修了。Ph.D.（Political Science）。国際政治学・政治思想史専攻。主な業績に、『国際政治学の誕生――E・H・カーと近代の隘路』（昭和堂、二〇一二年）、『歴史のなかの国際秩序観――「アメリカの社会科学」を超えて』（共編著、晃洋書房、二〇一七年）、『「国際政治学」は終わったのか――日本からの応答』（分担執筆、ナカニシヤ出版、二〇一八年）など。

＊三牧聖子（みまき　せいこ）　第七章
一九八一年生まれ。同志社大学大学院グローバル・スタディーズ研究科准教授。東京大学大学院総合文化研究科博士課程修了。博士（学術）。国際関係論・アメリカ外交史専攻。主な業績に、『戦争違法化運動の時代――「危機の20年」のアメリカ国際関係思想』（名古屋大学出版会、二〇一四年、アメリカ学会清水博賞受賞）、『リベラリズム――失われた歴史と現在』（共訳・解説、ヘレナ・ローゼンブラット著、青土社、二〇二〇年）など。

中村長史（なかむら　ながふみ）　第八章
一九八六年生まれ。東京大学大学院総合文化研究科・教養学部附属教養教育高度化機構特任助教。東京大学大学院総合文化研究科博士課程単位取得退学。修士（学術）。国際政治学専攻。主な業績に、『資料で読み解く「保護する責任」』（共編著、大阪大学出版会、二〇一七年）、『時政学への挑戦』（分担執筆、ミネルヴァ書房、二〇二一年）、『安全保障の位相角』（分担執筆、法律文化社、二〇一八年）など。

池田丈佑（いけだ　じょうすけ）　第九章
一九七六年生まれ。富山大学教育学部准教授。大阪大学大学院国際公共政策研究科博士後期課程修了。博士（国際公共政策）。国際関係論・世界政治学専攻。主な業績に、*China and International Theory*（分担執筆, Routledge、2019）、*Critical International Relations Theories in East Asia*（分担執筆, Routledge、2019）、*Asia in International Relations*（分担執筆, Routledge, 2017）など。

事項索引

人名索引

龍谷大学国際社会文化研究所叢書 第32巻
E・H・カーを読む

2022年5月31日　初版第1刷発行

編　者　佐藤史郎・三牧聖子・清水耕介
発行者　中西　良
発行所　株式会社ナカニシヤ出版
〒606-8161 京都市左京区一乗寺木ノ本町15番地
TEL 075-723-0111　FAX 075-723-0095
http://www.nakanishiya.co.jp/

装幀＝宗利淳一デザイン
印刷・製本＝亜細亜印刷

＊落丁・乱丁本はお取替え致します。
ISBN978-4-7795-1664-1　C3031